B. Friedrich

C. Friedrich

Mein Rechtschreibheft

Übungen zur Rechtschreibung im 3. und 4. Schuljahr

Cornelsen

Dieses Heft gehört _____

Mit diesem Heft soll es dir Spaß machen, das richtige Schreiben vieler Wörter zu lernen und zu üben.

Auf jeder Seite sind mehrere Aufgaben, die du auf einmal erledigen kannst. Trage zu Beginn das Datum ein. Die Aufgaben sind nicht schwer, wenn du die Aufgabenstellung genau durchliest. Pass auf, dass du die Übung auch wirklich vollständig machst, z.B. das Einkreisen nicht vergisst.

 Wichtig ist, dass du genau abschreibst und dabei keine Fehler machst. Der Stift soll dich daran erinnern. Überlege auch vor dem Schreiben, wie du den Platz aufteilst, damit alle Wörter in die Felder passen.

Das Kästchen in der unteren Seitenecke musst du für die Lehrerin oder den Lehrer frei lassen. Wenn Vorder- und Rückseite eines Blattes abgehakt sind, darfst du die untere Ecke abschneiden. So kannst du immer sehen, wie weit du schon bist.

 Neben der Brille steht immer eine wichtige Rechtschreibregel. Du musst sie dir gründlich durchlesen, da du sonst manche Aufgaben nicht lösen kannst.

Damit du die gelernten Wörter auch wirklich behältst, gibt es immer nach einigen Seiten ein Wiederholungsrätsel. Die wichtigsten Wörter der vorangegangenen Seiten werden hier noch einmal gebraucht.

Die letzte Seite in deinem Rechtschreibheft darfst du selbst gestalten. Hier kannst du z.B. besonders schwierige Wörter kreuz und quer, groß und klein aufschreiben, sie bunt verzieren und etwas dazu zeichnen, ganz wie du möchtest.

Nun viel Spaß bei der Arbeit mit deinem Rechtschreibheft!

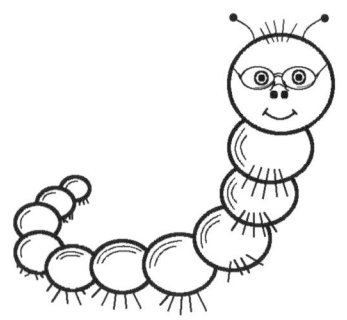 Die Leseraupe begleitet dich durch das Heft.

Selbstlaute und Mitlaute

A E I O U sind Selbstlaute, da sie alleine klingen.
Alle anderen Buchstaben im Alphabet sind Mitlaute,
da sie noch einen anderen Laut zum Klingen brauchen.

1. Kreise alle Selbstlaute in der Buchstabenschlange ein.

A F G E I U H J L O M N P Q A E I B H T Z R N B C D E

I O K L M N I E D O P R S T H I T Z E U O E C V

(Kontrolle: In den Zeilen steht 19-mal ein Selbstlaut.)

2. Übermale in den folgenden Wörtern zunächst alle Selbstlaute mit einem Buntstift. Zaubere nun neue Wörter, indem du den Selbstlaut durch einen anderen Selbstlaut ersetzt.

H a n d - H *und* _____

W a n d - W _____

M u n d - M _____

W o r t - _____

R a s t - _____

B u c h - _____

F o r m - _____   S t a h l - _____

B oo t - _____   W u r m - _____

M oo r - _____   B i l d - _____

Manche Selbstlaute klingen lang und manche kurz.

3. Lies dir die folgenden Wörter gut durch und höre, ob der Selbstlaut lang oder kurz klingt. Male unter kurze Selbstlaute einen Punkt und unter lange Selbstlaute einen Strich.

Spatz   Schwamm   Kamm   Meer   Moor   Brett   Gras   Fluss   Tee

Rock   Schnee   Bett   Wand   Stuhl   Nest   Tisch   Ton   dick   Fass   Fuß

Wurm   Sack   Rost   Test   Schuh   Kuh   See   Fee   Lack   Blick   tot   doof

(Kontrolle: 17 kurz, 15 lang)

Doppelte Selbstlaute

> Manche Wörter haben zwei Selbstlaute hintereinander.
> Dann klingt der Selbstlaut lang.

1. Lies dir die Wörter gut durch und kreise alle aa gelb, alle oo rot und alle ee blau ein.

Moor	Tee	See	Zoo	Saal	Beere	Waage	Klee
Moos	Paar	Schnee	Aal	Speer	Kaffee	Fee	Beet
Boot	leer	Haar	Teer	Meer	Seele	Saat	Staat	Idee

(Kontrolle: 7-mal gelb, 4-mal rot, 14-mal blau)

**2. Ordne die Wörter in die Tabelle ein.
Schreibe die Nomen/Substantive (Namenwörter) mit Begleiter.
Der Begleiter steht auch im Wörterbuch.**

aa	
	(7)

oo	
das Moor	(4)

ee	
	(14)

**3. Welche Wörter aus Aufgabe 1 passen in diese Wortstreifen?
Schreibe in Druckschrift.**

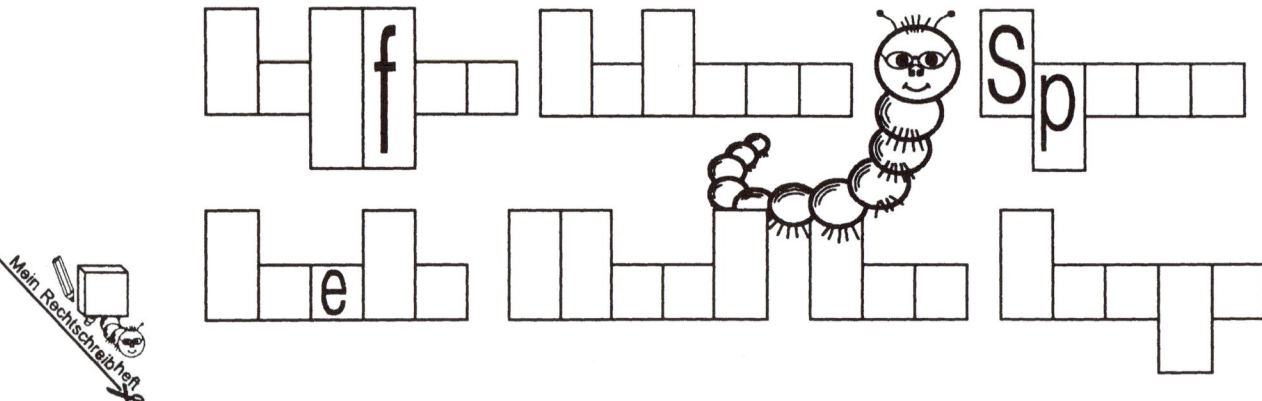

Datum

1. Löse das Rätsel. Wie heißen die Wörter mit doppelten **Selbstlauten? Die Wörter von Seite 4 helfen dir.**

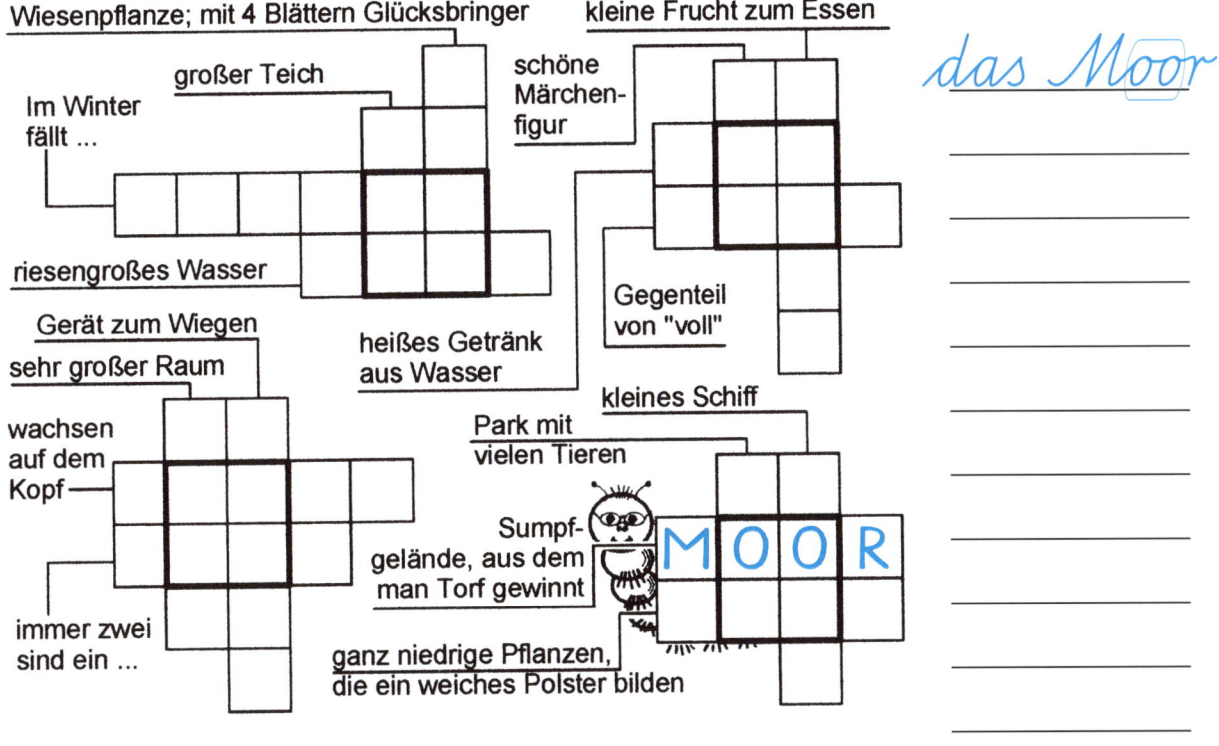

das Moor

_____

_____

_____

_____

_____

_____

_____

_____

_____

_____

2. Schreibe alle eingetragenen Wörter rechts auf die Zeilen. Kreise alle aa, ee, oo **mit je einer Farbe ein.**

_____

_____

3. Hier hat jemand falsche Wörter gezaubert. Zaubere sie wieder richtig.

Salatbeere, Waldbeet   *Salatbeet, Waldbeeren*

Kaffeeflocke, Schneetasse   _____

Ehewaage, Briefpaar   _____

Pulverklee, Glücksschnee   _____

Märchenboot, Segelfee   _____

Haarkanne, Kaffeespange   _____

Nordbeet, Gartensee   _____

Personentier, Zoowaage   _____

Teewasser, Meerbeutel   _____

Motorbeere, Bromboot   _____

Zu welcher Wortart gehören die Wörter? _____

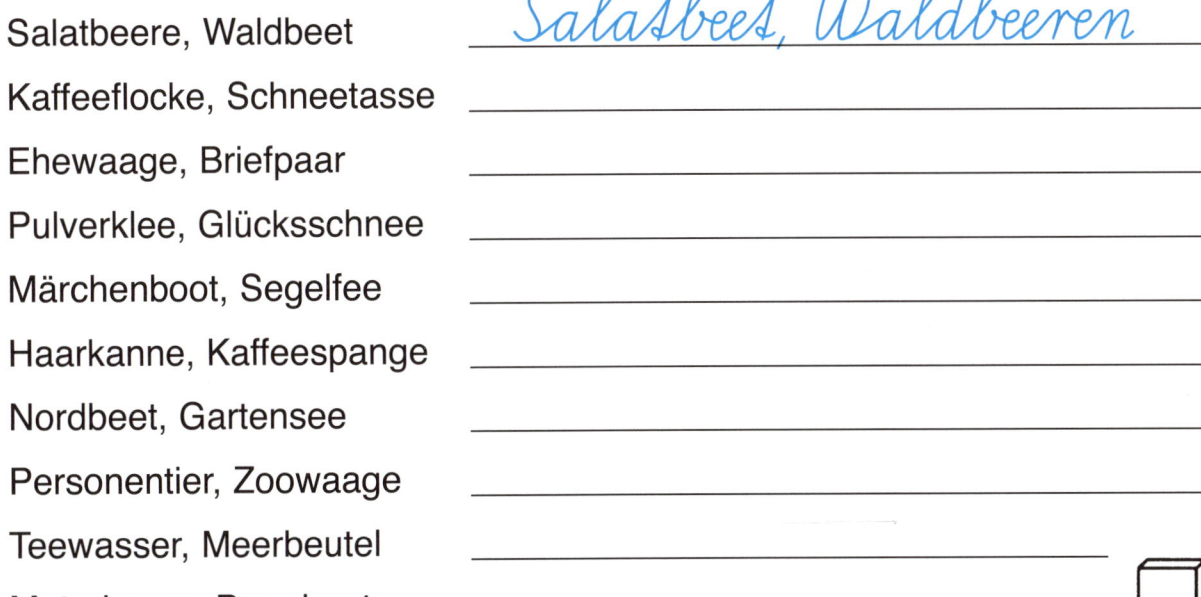

Mein Rechtschreibheft

Doppelte Mitlaute

Datum

1. Lies dir die folgenden Wörter gut durch und male einen Punkt unter den ersten Selbstlaut, wenn dieser kurz klingt.

Zimmer Sonne Puppe Tasse Keller kennen Suppe Ball immer fallen Knall
Tonne rennen Teller rollen knallen brennen messen Kasse müssen brummen
essen küssen wollen Kamm Brett Rolle summen Tanne Klasse Bommel Kanne
Trommel Kette nett Wette Wolle Schwamm Masse nennen   *(Kontrolle: 40-mal kurz)*

> Ein doppelter Mitlaut macht den Selbstlaut davor kurz.

2. Die Wörter oben reimen sich. Suche die Reimpaare, und schreibe sie auf. Kreise alle doppelten Mitlaute bunt ein.

Zimmer – immer,

_____

_____

_____

_____

_____

_____

(Kontrolle: 20 Reimpaare)

3. In der Schule reimt es sich! (Achtung: doppelte Mitlaute)

Mein neuer Lehrer, der heißt Moll.

Seitdem ist die Schule wirklich _____!

Gestern war Mathearbeit und er blieb im _____.

Man muss schon sagen: Das war _____!

Vergessene Hausaufgaben nimmt er nicht _____,

trotzdem bleiben seine Schüler nicht _____.

Am Dienstag schoss Molli in der Pause mit dem _____.

Da gab es plötzlich einen _____!

Am nächsten Tag, da fehlte er_____.

Ich glaube, er hat unsere Schule schon _____.

> Verwende die Wörter:
> Bett, Ball, voll, glatt,
> Knall, krumm, satt,
> soll, nett, dumm, toll

Mein Rechtschreibheft

Mein Kopf ist vom Reimen schon ganz _____.

Ich weiß nicht, was ich da noch in der Schule _____!

Doppelte Mitlaute

1. Trenne diese Wörter mit doppelten Mitlauten.

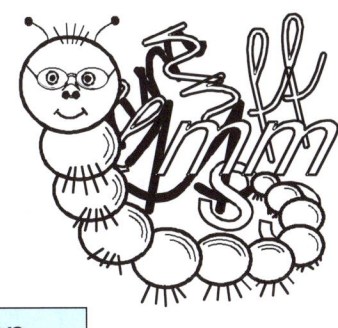

hoffen Koffer Löffel offen Pfeffer Schiffe Stoffe Waffel
Mittag Kissen Rüssel Schüssel wissen müssen hassen
Sessel Butter Futter Blätter hatten Bretter Schatten klettern
Mutter können retten Sommer stellen zusammen treffen

> Trenne zwischen den Doppelmitlauten.

hof-fen,

**2. Hier sind Wörter mit doppelten Mitlauten zerschnitten worden.
Setze sie wieder richtig zusammen und schreibe sie auf.
Kreise die Doppelmitlaute ein.**

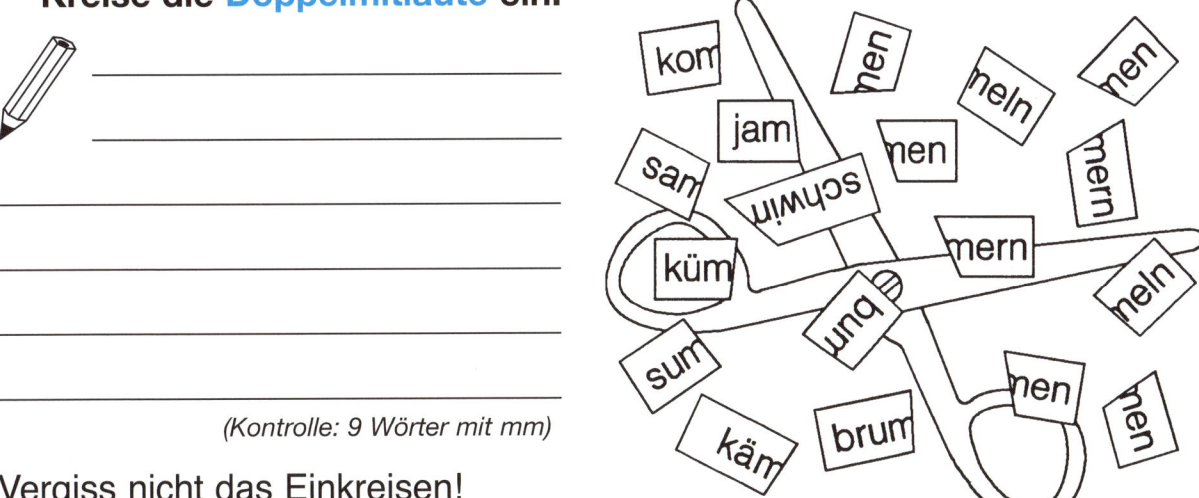

(Kontrolle: 9 Wörter mit mm)

Vergiss nicht das Einkreisen!

**3. Welche Wörter aus Aufgabe 1 passen in diese Wortstreifen?
Schreibe in Druckschrift.**

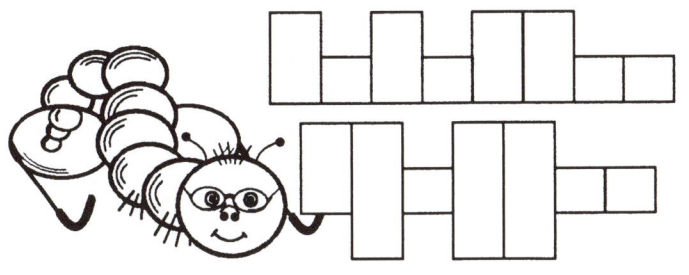

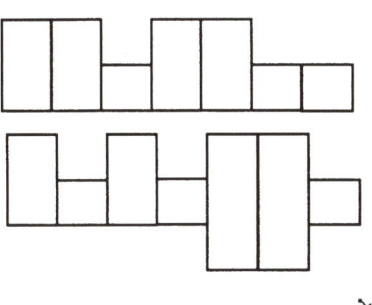

Doppelte Mitlaute

Datum

1. Löse das Rätsel. Denke dabei an die Regel auf Seite 6.

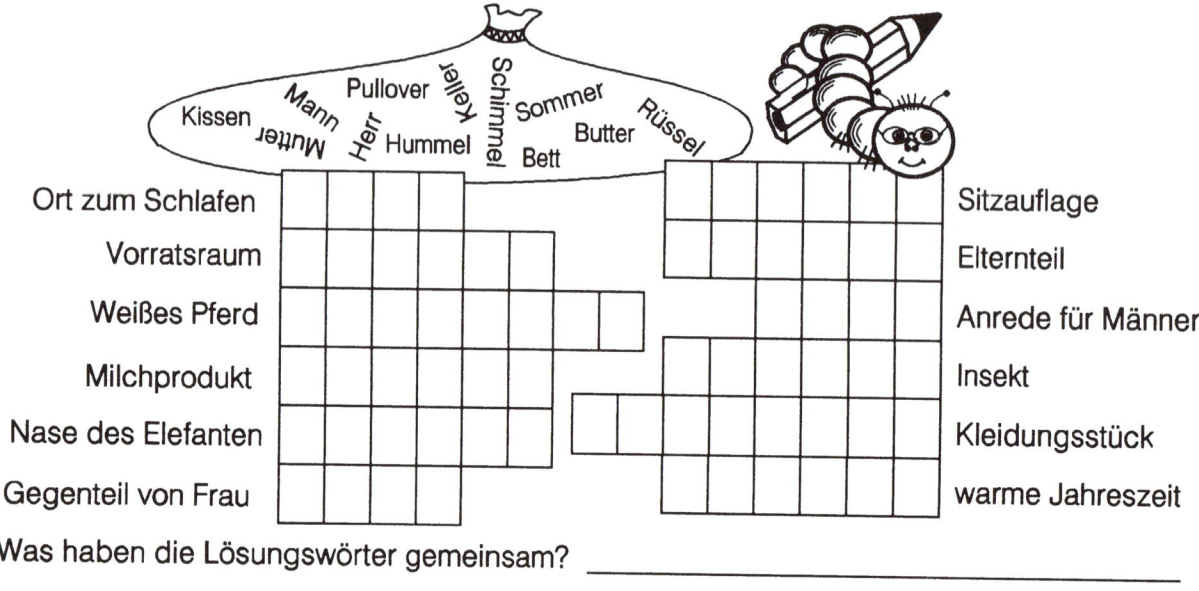

Kissen · Mutter · Mann · Herr · Pullover · Keller · Hummel · Schimmel · Sommer · Bett · Butter · Rüssel

Ort zum Schlafen	Sitzauflage
Vorratsraum	Elternteil
Weißes Pferd	Anrede für Männer
Milchprodukt	Insekt
Nase des Elefanten	Kleidungsstück
Gegenteil von Frau	warme Jahreszeit

Was haben die Lösungswörter gemeinsam? _____

(Kontrolle: Alle Kästchen müssen gefüllt sein.)

2. Löse das Rätsel. Schreibe die Wörter in Schreibschrift auf die Zeilen. Kreise in der Aufgabe ss bunt ein.

Kreuzworträtsel	Hinweis
S E₂ S S E L	gemütlicher Sitz
D R₁ O — — — L	Singvogel
S₆ C₇ H₈ — — L	Gefäß
K I₁₁ — — — N	Sitzauflage
W A	klare Flüssigkeit
R Ü	Elefantennase
T₁₆ E₁₀ R R A —	Freisitz
T₅ A — E	Trinkgefäß
S C₃ H₄¹³ L — L	Schließgerät
M E — R₉	Schneidegerät
R A — E	and. Wort f. "Hundeart"
F₁₅ L O — ¹⁴	Bewegungsorgan des Fisches

Lösungswort: 16 ... B ... 3 ... 2 1

Sessel

_____
_____
_____
_____
_____
_____

3. Decke Nr. 1 und Nr. 2 zu und schreibe 6 verschiedene Wörter mit doppelten Mitlauten auswendig auf.

_____

_____

Wörter mit ck

 Wörter mit einem kk gibt es nicht. Wenn Wörter mit einem k einen kurzen Selbstlaut haben, steht statt des kk ein **ck.**

1. Bilde Wörter mit -eck und schreibe sie auf die Zeilen.
   Kreise dann alle ck bunt ein.

schmecken,

_____

_____

(Kontrolle: 15 Wörter mit ck)

2. Ordne diese ck-Wörter in die Tabelle ein.

~~Dackel~~ Decke dick Zucker Glocke Flocke Stock backen blicken
necken wackeln lecker knicken lockern Ruck Schnecke Bock Sack
stricken Rock locken Spucke packen schicken nicken Ecke Dreck
hacken Trick jucken Lack Schmuck schlucken stecken zucken

-ack	-eck	-ick	-ock	-uck
Dackel				

(Kontrolle: Alle Felder müssen gefüllt sein.)

3. Kreise in der Tabelle von Aufgabe 2 ack, eck, ick, ock, uck
   mit je einer Farbe ein.

Wörter mit ck

**1. Bei diesen ck-Wörtern gehören immer drei zu einer Wortfamilie.
Schreibe die Wörter <u>einer</u> Wortfamilie in jeweils eine Zeile
und kreise alle ck bunt ein.**

~~Bäcker~~ Stecker schmackhaft Anblick Stricknadel Glück Deckel Schmuck anstecken
Strickjacke Schmuckkästchen Decke anblicken abschmecken Glücksfee ~~Bäckerei~~
Gesteck Geschmack Strickleiter zudecken glücklich Gebäck Schmuckstück Ausblick

backen: *Bäcker, Bäckerei,* _____

stecken: _____

schmücken: _____

blicken: _____

stricken: _____

glücken: _____

decken: _____

schmecken: _____

(Kontrolle: 8 Wortfamilien mit zusammen 24 ck-Wörtern)

**2. Bilde Reimwörter. Alle Wortanfänge sind unten im Kasten
vorhanden.**

a) decken   b) blicken   c) bücken   d) Stock

wecken _____   _____   _____   _____

_____   _____   _____   _____

_____   _____   _____   _____

a) w-, st-, l-, schm-
b) st-, t-, n-, str-
c) dr-, gl-, schm-, pfl-
d) R-, Bl-, Pfl-, B

**3. Suche aus deinem Wörterbuch 4 ck-Wörter heraus,
die mit d, D beginnen, und schreibe sie auf die Zeilen.
Schreibe auch die Seite dazu, auf der diese Wörter stehen.**

_____ ____   _____ ____
(Wort)   (Seite)

_____ ____   _____ ____

Wörter mit ck

Und so wird ck getrennt: Jacke ⇨ Ja - cke

1. Trenne nun diese ck-Wörter.

Wecker   Bäcker   Brücke   spucken   nicken   Decke   Dackel   Jacke
Flecken   bücken   drücken   pflücken   stecken   schmecken
Schnecke   stricken   knicken   Lücke   Rücken   Mücke   erschrecken   trocken

We - cker,

_____

_____

_____

_____

(Kontrolle: 22 getrennte Wörter)

2. Setze aus den Silben Wörter mit ck zusammen.

bahn - Auto - cke - brü   *Autobahnbrücke*

haus - cken - Schne   _____

ten - rö - Fal - cke   _____

Strick - cke - ja   _____

cke - Woll - de   _____

Ski - cke - stö   _____

rei - Bä - cke   _____

cke - Schnee - flo   _____

chen - Kir - cke - glo   _____

stan - Zu - cker - ge   _____

tep - cken - Fli - pich   _____

Zu welcher Wortart gehören die Wörter in dieser Aufgabe?
_____

3. Finde in der Wörterliste ab Seite 72 fünf verschiedene Wörter mit ck. Schreibe sie auf die Zeilen.

_____

_____

_____

Mein Rechtschreibheft

Wiederholungsrätsel

Datum

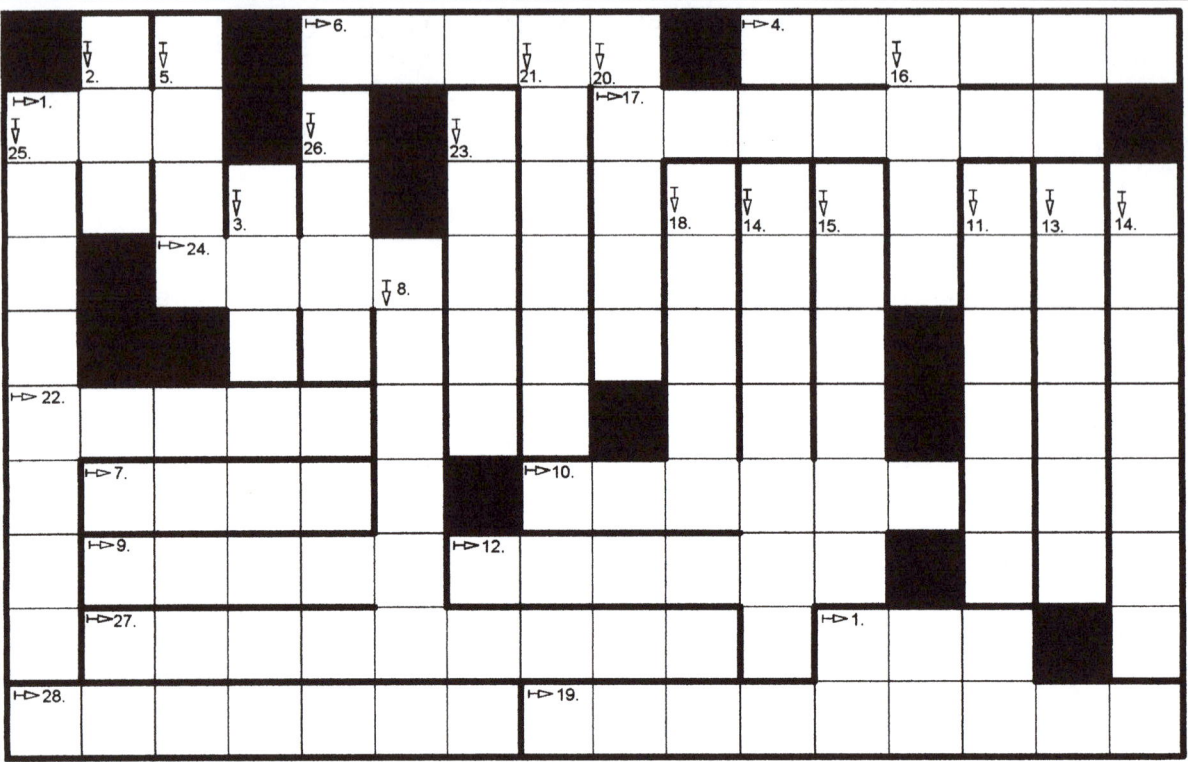

Doppelte Selbstlaute (S. 4, 5)

1. Auf dem ... schwimmen Enten. 2. heißes Getränk 3. Giraffen gibt es im ... 4. Wenn ... liegt, kannst du Schlitten fahren. 5. nicht voll, sondern ... 6. Auf dem Kopf hast du viele ... 7. Immer zwei sind ein ... 8. Morgens trinken viele Erwachsene ...

Doppelte Mitlaute (S. 6, 7, 8)

9. Am Tag scheint die ... 10. Im Sommer gibt es oft warmes ... 11. Die Butter wird mit einem ... auf das Brot gestrichen. 12. Nach der Pause gehst du wieder ins Klassen... 13. Nachts sieht man Sterne am ... 14. Ein Laubbaum hat viele ... 15. Tee kocht man mit ... 16. nicht dunkel, sondern ... 17. nicht langsam, sondern ..., 18. nicht rau, sondern ... 19. Auf dem See ... Enten. 20. Zum Frühstück ... die Kinder gerne Nutella. 21. Beim Fußball spielen muss man schnell ...

Wörter mit ck (S. 9, 10, 11)

22. Ein Viereck hat vier ... 23. Hans im ... ist ein Märchen. 24. Kleidungsstück für Mädchen und Frauen 25. Die ... kriecht sehr langsam. 26. nicht dünn, sondern ... 27. Erdbeeren ... mir sehr gut! 28. nicht nass, sondern ...

Prüfe, ob die Wörter in deinem Grundwortschatz stehen. Wenn nicht, schreibe sie fehlerfrei dazu.

die Blätter	dick	die Ecke	essen	glatt	das Glück	die Haare
hell	der Himmel	der Kaffee	leer	das Messer	das Paar
rennen	der Rock	schmecken	die Schnecke	der Schnee
schnell	schwimmen	der See	die Sonne	der Tee
trocken	das Wasser	das Wetter	das Zimmer	der Zoo

Suche drei schwierige Wörter des Rätsels heraus und schreibe sie auf deine letzte Seite (Seite 75).

Dehnungs-h

**1. Lies dir die Wörter gut durch und zeichne einen Strich
unter den Selbstlaut, wenn sich dieser lang anhört:** *(Kontrolle: 12-mal lang)*

Zahn Stuhl Sohn Jahr Bahn Fahrt Uhr wahr Lohn Zahl Ohr Hahn

Hast du etwas bemerkt? Alle Wörter haben hinter dem Selbstlaut ein _____.

> Ein h hinter einem Selbstlaut macht diesen Selbstlaut lang.
> Dieses h heißt Dehnungs-h.

**2. Schreibe nun die Reimwörter aus den Wagen des Zuges
mit Bindestrich auf die Zeilen.**

Hahn- _____   _____

_____   _____

_____   _____

3. Sortiere die Wörter aus dem Sack richtig in die Tabelle ein.

-ahl (7)	-ahr (7)	-ahn (6)
Wahl		

**4. Kreise auf dieser Seite in allen selbst geschriebenen Wörtern
das Dehnungs-h hinter einem Selbstlaut rot ein.**

**5. Wie heißen die ersten beiden Wörter der Wörterliste (Seite 72)
mit einem Dehnungs-h?**

_____   _____

Dehnungs-h

1. Vervollständige diese Verben (Tuwörter).
   Setze ah, eh, oh oder üh ein und schreibe sie auf.

f_üh_ren   f___ren   w___nen   bel___nen   k___len   r___ren
f___len   f___len   dr___en   dr___en   st___en   st___len   gl___en
bl___en   g___en   s___en   erm___nen   bez___len   n___men   erf___ren

führen _____

_____

_____

_____

(Kontrolle: 4-mal ah, 7-mal eh, 3-mal oh, 6-mal üh)

2. Kreise auf den Zeilen von Aufgabe 1 alle ah rot,
   alle eh grün, alle oh blau und alle üh gelb ein.

E

3. Schreibe alle Wörter mit dem Wortstamm `fahr` **auf.**
   Übermale den Wortstamm auf den Zeilen mit rotem Buntstift.

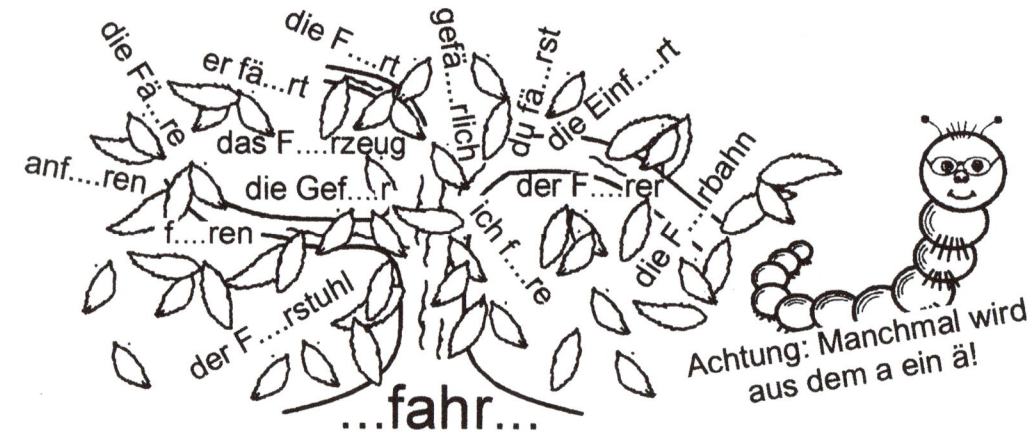

die F....rt   gefä....rlich   du fä...rst   die Einf...rt
er fä...rt   die Fä...re   das F....rzeug   die Gef....r   der F....rer   die F...rbahn
anf....ren   f....ren   ich f....re   die F....r   der F....rstuhl

...fahr...

Achtung: Manchmal wird aus dem a ein ä!

_____

_____

_____

_____

(Kontrolle: 14 Wörter mit Wortstamm -fahr-)

An der Aufgabe 2 kannst du erkennen:

> Wörter einer Wortfamilie haben den gleichen Wortstamm,
> der immer erhalten bleibt.

Mein Rechtschreibheft

1. Ordne diese Wörter nach Wortarten in die Tabellenfelder ein.

fahren   stehlen   nehmen   Höhle   Uhr   zahm   lahm   wählen   gefährlich
Verkehr   Zähne   führen   rühren   Stuhl   kühl   Sahne   mühsam
früh   hohl   Lehrer   erzählen   bezahlen   Fahrrad   nah

Nomen/Substantive (8)	Verben (Tuwörter) (8)	Adjektive (Wiewörter) (8)

Ein <u>h am Anfang eines Wortes</u> ist kein Dehnungs-h, weil es keinen Selbstlaut lang
macht. Für welche beiden Wörter in der Tabelle gilt das? _____ _____
Kreise jetzt in der Tabelle nur alle Dehnungs-h bunt ein.

2. Hier sind mehrere Wortfamilien durcheinandergeraten. Sortiere.

zählen:

zahlreich (7)

wählen: (6)

fahren: (9)

ern**äh**ren: (5)

Erzählung   Anzahl   zählen   Gefahr   gefährlich   Fahrt
Einfahrt   Nährstoff   verwählt   Wahl   Fahrrad   Fahrbahn   ~~zahlreich~~   Zahl
Wahlergebnis   Fähre   Busfahrer   wählen   nahrhaft   erzählen
Wählscheibe   Ernährung   Klassensprecherwahl   ernähren   fahren
Nahrung   verzählen

Mein Rechtschreibheft

Dehnungs-h

Datum

> **Das Dehnungs-h**
> bleibt in allen Formen des Verbs (Tuworts) erhalten.

Beispiel: fahren

ich fa__re, du fä__rst, er fä__rt, wir fa__ren, ihr fa__rt, sie fa__ren

1. Setze im Beispiel oben überall den fehlenden Buchstaben ein.

2. Fülle die Tabelle aus. Denke dabei an die letzte Regel.

	ich	du	er	wir	ihr	sie
gehen	gehe					
stehen		stehst				
sehen						
ziehen						
drehen						

Kontrolle: In jedem Feld muss ein Wort mit Dehnungs-h stehen.)

3. Löse das Rätsel mit Dehnungs-h-Wörtern.

1. Dein ... muss verkehrssicher sein.
2. Im Diktat hat Max viele ...
3. In der Schule unterrichten viele ...
4. Im Mund hast du viele ...
5. Die Zeit kannst du an der ... ablesen.
6. Wenn du etwas besonders gut gemacht hast, bekommst du eine ...
7. Am Sonntag gibt es Kuchen mit ...
8. In Hochhäusern gibt es einen ..., mit dem du hoch- und runterfahren kannst.
9. Das ... hat 365 Tage.

Lösungswort: D_ _ _ _ _ _ _ - _

4. Finde die Wörter mit Dehnungs-h in Aufgabe 3 von Seite 3 und schreibe sie auf die Zeile.

_____

(Kontrolle: 3 Wörter mit Dehnungs-h)

1. Höre, ob das i lang oder kurz klingt.
   Zeichne einen Strich (lang) oder Punkt (kurz) unter jedes i.

Sieb   lieb   tief   Tier   Bier   Zimmer   Biene   Siegel   Wiese   Ziege   Fisch
Tisch   kriechen   wissen   fliegen   Rinde   Zimt   Spinne   Knie   *(Kontrolle: 12 lang, 7 kurz)*

Alle Wörter, bei denen das i lang klingt, haben nach dem i ein ____ .

Bei den Wörtern mit ie wird der i-Laut lang gesprochen.

2. Kreise im Gedicht alle Wörter mit ie bunt ein.

Besuch

War ein Ries´ bei mir zu Gast,
sieben Meter maß er fast,
hat er nicht ins Haus gepasst,
saßen wir im Garten.

Weil er gar so riesig war,
saßen Raben ihm im Haar,
eine ganze Vogelschar,
die da schrien und schwatzten.

(Kontrolle: 14-mal ie)

Er auch lachte laut und viel,
und dann schrieb er mir zum Spiel
- Bleistift war ein Besenstiel -
seinen Namen nieder.

Und er schrieb an einem Trumm:
MUTAKIRORIKATUM.
Ebenso verkehrt herum,
ja, so hieß der Gute.

Falls ihr einen Riesen wisst,
dessen Name also ist
und der sieben Meter misst,
sagt, ich lass´ ihn grüßen!

Josef Guggenmos

3. Ordne die Wörter auf den Flügeln der Bienen
   in die Tabelle ein.

Verben (Tuwörter)	Nomen/ Substantive

(Kontrolle: In jedem Feld ein Wort.)

Mein Rechtschreibheft

Wörter mit ie

Datum

1. Finde die Reimwörter. Achtung, alle Reimwörter haben ein ie!

Spiel	Dieb	Ziege	Stier	Liese
Z _iel_____	S_____	W_____	B_____	W_____
St_____	l_____	Fl_____	T_____	R_____

wiegen	gießen	zieren	schieben	ziehen
l_____	fl_____	schm____	l_____	fl_____
s_____	sch_____	fr_____	s_____	gel_____

2. Wie heißen die Wörter in der Wörterblume?
Schreibe sie auf und kreise alle ie bunt ein.

passieren, _____

_____

_____

_____

_____

_____

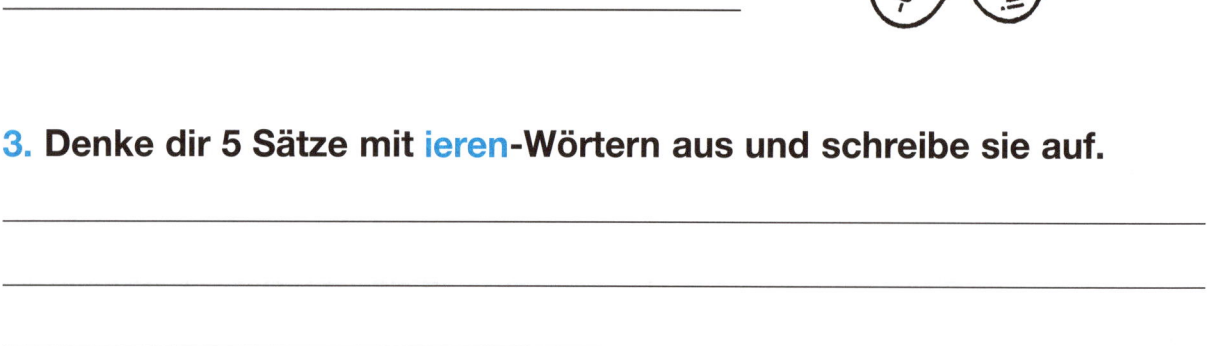

-ieren

fr- / buchstab- / pass- / spaz- / gratul- / prob- / sort- / erfr- / repar- / verl- / marsch- / interess-

3. Denke dir 5 Sätze mit ieren-Wörtern aus und schreibe sie auf.

_____

_____

_____

_____

_____

4. Welche Wörter in der Wörterliste ab Seite 72 fangen mit v, V
oder z, Z an und haben ein ie? Schreibe sie auf die Zeilen.

_____

_____

(Kontrolle: 9 Wörter)

1. Sortiere die Wörter mit ie nach dem Alphabet.

schief, nie, hier, Tier, Papier, vier, dies, Lied, Spiel, Fliege

_____

_____

2. Den Wörtern mit Lücke fehlt ein i oder ein ie. Höre, ob sich der i-Laut lang oder kurz anhört, und trage in die Wortlücken i oder ie ein. Schreibe dann nur die Wörter mit ie der Reihe nach in die Kästchen. Wie heißt die Lösung?

W__se, K__ssen, R__tz,
B__ne, h__r, D__b, G__ft,
M__st, t__f, St__ft, Z__mt,
Uns__nn, neug__rig

P__lz, Zw__bel, W__tz, W__ge, L__d,
H__mmel, St__mme, v__r, H__tze, T__nte,
Z__ge, G__tter, Pap__r

Lösung:

_____

_____

In der Vergangenheitsform haben viele Verben (Tuwörter) ein ie.

3. Schreibe die Sätze in der Vergangenheit auf. Achte auf ie.

Lehrer Moll schläft tief und fest. _____

Da scheint die Sonne in sein Zimmer. _____

Molli reibt sich die Augen. _____

Er bleibt aber noch im Bett. _____

Sein Blick fällt auf die Uhr: 10 vor 8! _____

Erschrocken läuft er in die Schule. _____

Vor der Schule treibt sich niemand herum. _____

Er schreibt einen Zettel: Schulfrei! _____

Zu Hause ruft sein Freund an: Frohe Ostern! _____

_____

Mein Rechtschreibheft

ie oder ei

Datum

**1. Schreibe unter jedes Bild das dargestellte Wort mit ie oder ei.
Streiche in jedem Bild die Buchstabengruppe durch,
die nicht im Wort vorkommt.**

Ziegel

**2. Höre beim Sprechen, ob die abgebildeten Wörter ein ie oder ein ei
haben. Schreibe sie in die passenden Kästchen und kreise ie rot
und ei blau ein.**

(Kontrolle: 6-mal ei, 5-mal ie)

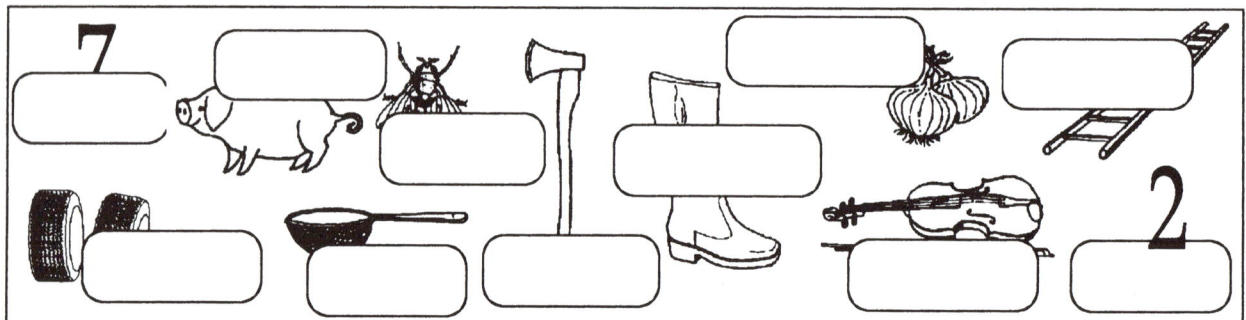

**3. Setze ie oder ei ein. In die Nomen/Substantive hat sich ein
Verb (Tuwort) eingeschlichen. Finde es und kreise es ein.**

Br___f Z___ge B__l Z___ger W___ge W___se G___ge B___r
B___ne B___ne T___r W___n W___n S___fe R___ter Klav___r
Pap___r S___l Zw___bel M___se sp___len St___n L___d L___d
H___zung R___se R___se Pf___l M___te S___g Fl___ge

(Kontrolle: 17-mal ie, 14-mal ei)

**4. Finde im Wörterbuch mindestens 4 verschiedene Begriffe zur
Wortfamilie „Brief" und schreibe sie auf. Kreise alle ie rot ein.**

Mein Rechtschreibheft

_____

_____

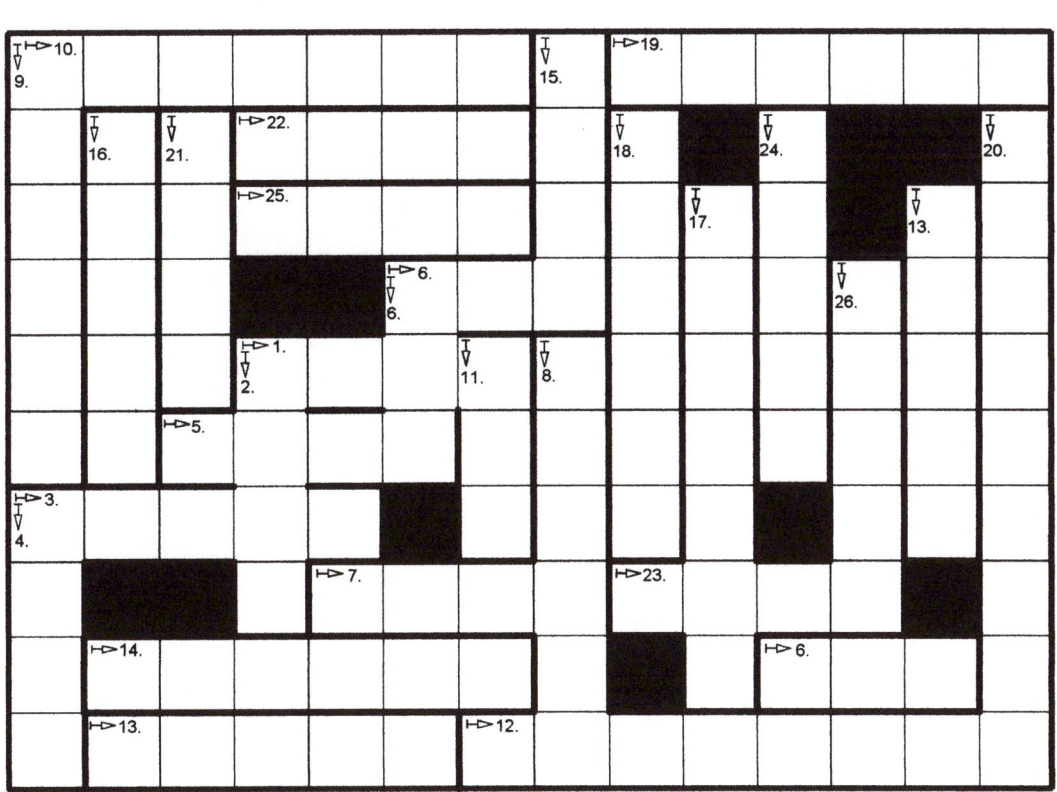

Dehnungs-h (S. 13, 14, 15, 16)
1. Du putzt die Zähne mit einer ...bürste. 2. Zehn ist eine ... 3. Sitzgelegenheit mit vier Beinen 4. Ein Junge ist der ... seines Vaters 5. Ein ... hat 12 Monate. 6. Auf der ... kannst du die Zeit ablesen. 7. nicht erfunden, sondern ... 8. In der Schule unterrichten viele ... 9. Wir ... mit dem Bus in den Zoo. 10. Hast du ein verkehrssicheres ...? 11. nicht fern, sondern ... 12. Am Montag ... wir uns, was wir am Wochenende erlebt haben.

Wörter mit ie (S. 17, 18, 19)
13. Auf den ... gehören Adresse und Absender. 14. In deinem Heft ist weißes ... 15. Die Katze ist ein ... 16. „Mensch ärgere dich nicht" ist ein schönes ... 17. Vögel können ... 18. Bei trockenem Wetter muss man die Blumen ... 19. Mit einer Waage kann man ... 20. Bei Wettspielen kann man gewinnen oder ... 21. Ein Zimmer hat ... Wände. 22. nicht ..., sondern dort.

Wörter mit ei (S. 20)
23. Kannst du auf einem ... hüpfen? 24. Wenn man in den Urlaub fährt, macht man eine ...
25. Ein Dreieck hat ... Ecken. 26. Dieser Weg führt über „Stock und ...".

Prüfe, ob die Wörter in deinem Grundwortschatz stehen.
Wenn nicht, schreibe sie fehlerfrei dazu.

das Bein	der Brief	drei	erzählen	fahren	das Fahrrad	fliegen
gießen	hier	das Jahr	der Lehrer	nah	das Papier	
die Reise	der Sohn	das Spiel	der Stein	der Stuhl	das Tier	
die Uhr	verlieren	vier	wahr	wiegen	die Zahl	der Zahn

Suche drei schwierige Wörter des Rätsels heraus
und schreibe sie auf deine letzte Seite (Seite 75).

Mein Rechtschreibheft

Datum

1. Schreibe die Wörter der Wörterschlange auf.
Kreise das d am Wortende überall rot ein.

Hund

_____

_____

_____

_____

_____

_____

_____

(Kontrolle: 17 Wörter mit d am Wortende)

Die Rechtschreibung wäre leicht, wenn wir immer so schreiben könnten, wie wir sprechen. Leider ist das nicht immer so. Oft sprechen wir t, schreiben aber d.
In der nächsten Übung merkst du, wie man trotzdem hören kann, ob das Wort mit t oder
d geschrieben wird.

2. Jeweils zwei Wörter auf den Wagen des Zuges gehören zusammen.
Schreibe sie nebeneinander auf eine Zeile und kreise alle d rot ein.

spannend   wilder   Bilder
Bild   wild   Kind   Kinder   spannender

Bild – _____   _____

_____   _____

Lies die Wortpaare aus Aufgabe 2 noch einmal laut durch.
Nun hast du gemerkt:

> Wenn du das Wort verlängerst, hörst du das (weiche) d
> am Wortende besser.

3. Finde in der Wörterliste (ab Seite 72) das Wort, das mit d beginnt
und mit d endet. Zu welcher Wortart gehört es?

_____ - Es ist ein _____.

1. Prüfe die Regel der letzten Seite nach. Schreibe dazu die Wörter mit Begleiter in Einzahl und Mehrzahl in die Tabelle. Kreise in der Tabelle alle d am Wortende bunt ein.

(Die Begleiter stehen auch im Wörterbuch.)

~~Kleid~~ Hand Pferd
Fahrrad Wald Hund
Kind Feld Hemd
Wand Rad Schild
Bild Herd

Hast du auch das Einkreisen nicht vergessen?

(Kontrolle: Alle Felder sind gefüllt.)

Einzahl	Mehrzahl
das Kleid	

2. Bilde aus den Rädern Wörter und schreibe sie auf. Sie haben alle ein _____ am Ende.

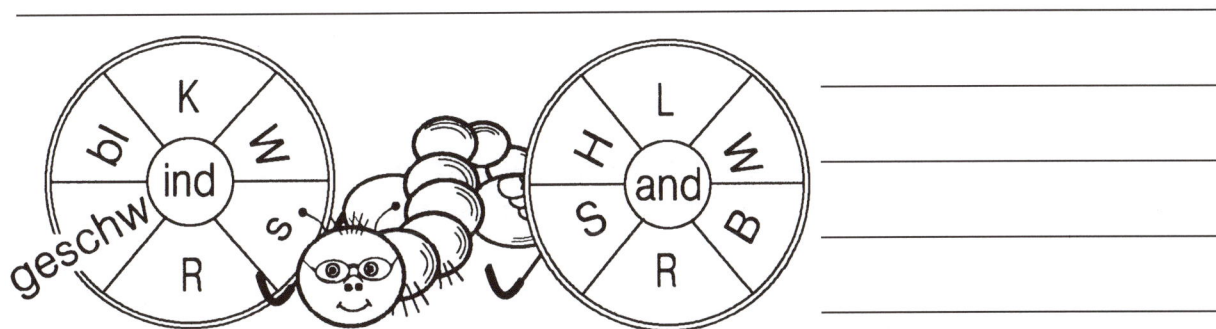

_____

_____

_____

_____

3. Suche aus der Wörterliste auf Seite 72 die ersten drei Wörter heraus, die mit d aufhören, und schreibe sie hier auf.

 _____ _____ _____

d oder t am Wortende

Datum

1. Sprich die in den Bildern dargestellten Wörter in der Mehrzahl und in der Einzahl. Höre, ob sie mit einem (weichen) d oder mit einem (harten) t geschrieben werden.
Schreibe dann die Begriffe richtig in die Kästchen. *(Kontrolle: 3-mal d, 2-mal t)*

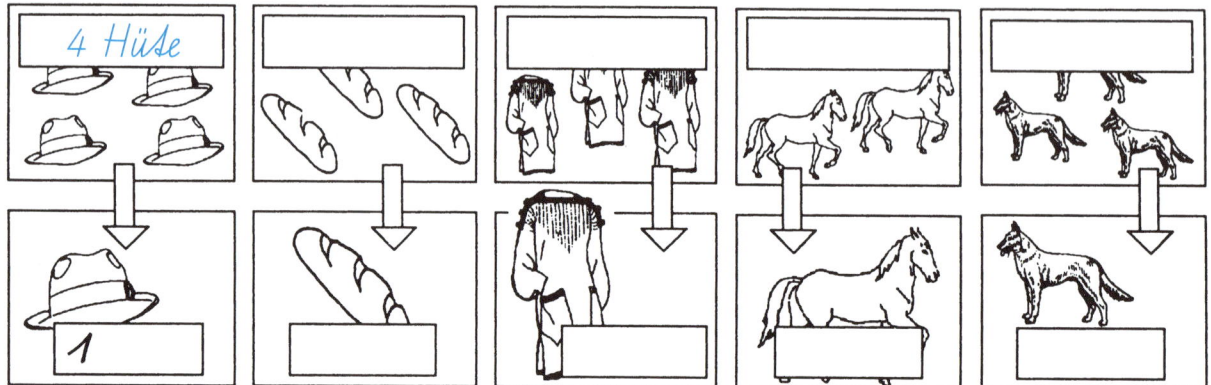

4 Hüte

1

Ob ein Wort am Ende mit d oder t geschrieben wird, hört man oft durch Verlängern des Wortes beim Einbau in einen Satz.

2. Probiere die letzte Regel hier einmal aus: Wenn du die Satzteile laut liest, hörst du, ob im verlängerten Wiewort ein d oder ein t fehlt. Füge es ein und schreibe das Wort unverlängert daneben auf.

das kal_d_e Wetter ⇨ *kalt* _____   mil__es Wetter ⇨ _____

ein wil__es Tier ⇨ _____   schlech__es Wetter ⇨ _____

blon__e Haare ⇨ _____   ein spannen__es Buch ⇨ _____

eine har__e Nuss ⇨ _____   eine wei__e Hose ⇨ _____

eine brei__e Straße ⇨ _____   eine ech_e Perle ⇨ _____

ein frem__es Land ⇨ _____   ein run__er Ball ⇨ _____

ein gesun__es Frühstück ⇨ _____   *(Kontrolle: 7-mal d, 6-mal t)*

3. Verdecke die Übung Nr. 2 und versuche nun auswendig, unten die fehlenden Buchstaben richtig einzusetzen.
(Kontrolle: 7-mal d, 6-mal t)

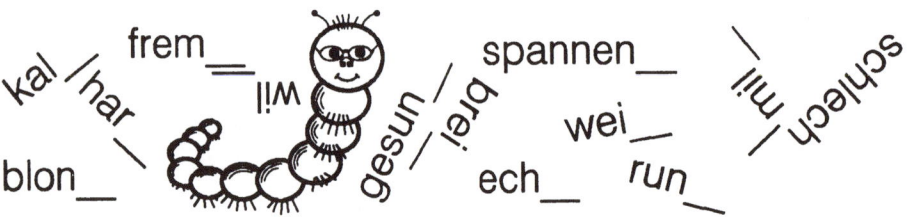

Zu welcher Wortart gehören die Wörter? _____

Bei Nomen/Substantiven hört man oft an der Mehrzahlform,
ob sie mit d oder t geschrieben werden.

**1. Ergänze erst d oder t in der Mehrzahlform
und schreibe dann die Einzahlform daneben.** *(Kontrolle: 14-mal d, 12-mal t)*

viele Rä_d_er ⇨ ein *Rad*   viele Bär__e ⇨ ein _____

viele Klei__er ⇨ ein _____   viele Wor__e ⇨ ein _____

viele Bil__er ⇨ ein _____   viele Hü__e ⇨ ein _____

viele Schil__er ⇨ ein _____   viele Boo__e ⇨ ein _____

viele Rin__er ⇨ ein _____   viele Pfer__e ⇨ ein _____

viele Kin__er ⇨ ein _____   viele Her__e ⇨ ein _____

viele Hän__e ⇨ eine _____   viele Äs__e ⇨ ein _____

viele Wän__e ⇨ eine _____   viele Fel__er ⇨ ein _____

viele Län__er ⇨ ein _____   viele Hun__e ⇨ ein _____

viele Hef__e ⇨ ein _____   viele Wäl__er ⇨ ein _____

viele Bro__e ⇨ ein _____   viele Märk__e ⇨ ein _____

viele Sala__e ⇨ ein _____   viele Stif__e ⇨ ein _____

viele Zel__e ⇨ ein _____   viele Ta__en ⇨ eine_____

**2. Verlängere die Adjektive (Wiewörter), indem du zuerst die Steigerungs-
formen bildest. Dann hörst du, ob sie mit d oder t geschrieben werden.**

brei_t_er, am *breitesten* ⇨ *breit*

run__er, am _____ ⇨ _____

gesün__er, am _____ ⇨ _____

leich__er, am _____ ⇨ _____

zar__er, am _____ ⇨ _____

käl__er, am _____ ⇨ _____

wei__er, am _____ ⇨ _____

(Kontrolle: 2-mal d, 5-mal t)

**3. Kreise auf dieser Seite bei allen selbst geschriebenen
Wörtern am Wortende d rot und t blau ein.**

Mein Rechtschreibheft

g oder k am Wortende

Datum

> Ob ein Wort am Ende mit g oder k geschrieben wird,
> hört man durch Verlängern des Wortes. (wie bei d oder t)

**1. Fülle bei diesen Nomen/Substantiven erst die Lücke in der Mehrzahl-
form mit g oder k. Schreibe dann die Einzahlform rechts daneben.**

(Kontrolle: 8-mal g, 4-mal k)

viele Bur_g_en ⇨ eine *Burg*   viele Ber__e ⇨ ein _____

viele Fin__en ⇨ ein _____   viele Fabri__en ⇨ eine _____

viele Zü__e ⇨ ein _____   viele Rin__e ⇨ ein _____

viele Ta__e ⇨ ein _____   viele Pfenni__e ⇨ ein _____

viele We__e ⇨ ein _____   viele Zwer__e ⇨ ein _____

viele Bän__e ⇨ eine _____   viele Schrän__e ⇨ ein _____

**2. Fülle bei den Adjektiven (Wiewörtern) erst die Lücke in der Steigerungs-
form mit g oder k. Schreibe dann die Grundform rechts daneben.**

(Kontrolle: 6-mal g, 4-mal k)

krän_k_er ⇨ *krank*   flin__er ⇨ _____

schlan__er ⇨ _____   arti__er ⇨ _____

lusti__er ⇨ _____   klü__er ⇨ _____

stär__er ⇨ _____   niedri__er ⇨ _____

län__er ⇨ _____   schrä__er ⇨ _____

> Bei vielen Verben (Tuwörtern) muss man die Grundform bilden,
> damit man hört, ob sie mit g oder k geschrieben werden.

3. Fülle bei den Verben erst die Lücke in der Grundform *(Kontrolle:*
mit g oder k. Schreibe dann die Personalform daneben. *8-mal g, 4-mal k)*

sa_g_en ⇨ er *sagt*   flie__en ⇨ er _____

schla__en ⇨ sie _____   fra__en ⇨ sie _____

pfle__en ⇨ er _____   lie__en ⇨ er _____

schen__en ⇨ sie _____   zei__en ⇨ sie _____

den__en ⇨ er _____   blin__en ⇨ es _____

win__en ⇨ sie _____   lü__en ⇨ er _____

**4. Kreise in allen selbst geschriebenen Wörtern auf dieser Seite
g rot und k blau ein.**

b oder p am Wortende

> Wenn du nicht weißt, ob am Wortende ein b oder p steht, musst du verlängern. Dann kannst du es hören.

1. Fülle bei diesen Nomen/Substantiven erst die Lücke in der Mehrzahlform mit b oder p. Schreibe dann die Einzahlform rechts daneben.

zwei Kör_b_e ⇨ ein *Korb*   drei Die__e ⇨ ein _____

vier Stä__e ⇨ ein _____   zwei Sie__e ⇨ ein _____

viele Grä__er ⇨ ein _____   viele Käl__er ⇨ ein _____

fünf Ty__en ⇨ ein _____

(Kontrolle: 6-mal b, 1-mal p)

2. Werden diese Adjektive (Wiewörter) mit b oder p geschrieben? Man kann es hören, wenn das Wort verlängert ist. Ergänze deshalb erst b oder p in den Satzgliedern und schreibe dann das Wort daneben.

ein tau_b_es Ohr ⇨ *taub*   das trü__e Wasser ⇨ _____

die gel__e Farbe ⇨ _____   ein lie__es Kind ⇨ _____

ein plum__er Elefant ⇨ _____   eine hal__e Torte ⇨ _____

ein gro__er Stoff ⇨ _____

(Kontrolle: 6-mal b, 1-mal p)

>  Bei vielen Verben (Tuwörtern) muss man die Grundform bilden, damit man hört, ob sie mit b oder p geschrieben werden.

3. Bilde bei diesen Verben erst die Grundform und fülle die Lücke mit b oder p. Schreibe dann die Personalform daneben.

schrei_b_en ⇨ er *schreibt*   kle__en ⇨ er _____

le__en ⇨ er _____   hu__en ⇨ sie _____

he__en ⇨ sie _____   ge__en ⇨ er _____

glau__en ⇨ er _____   ü__en ⇨ sie _____

pie__en ⇨ sie _____   pum__en ⇨ er _____

(Kontrolle: 7-mal b, 3-mal p)

H

4. Kreise auf dieser Seite in allen selbst geschriebenen Wörtern am Wortende b rot und p blau ein.

Mein Rechtschreibheft

b bleibt b

Datum

Hat ein Wort im Wortstamm ein b, so bleibt es für immer erhalten.

1. „Schreiben" wird mit b geschrieben. Deshalb bleibt das b in der ganzen Wortfamilie erhalten. Suche aus dem Baum alle Wörter heraus und ordne sie in die Tabelle ein.

Schreibmaschine · beschreiben · Kugelschreiber · du schreibst · Schreibheft · verschreiben · Schreibtisch · abschreiben · geschrieben · Schreibblock · aufschreiben · er schrieb · Schreibwaren

Nomen/Substantive (Namenwörter)	Verben (Tuwörter)
(6)	(7)

2. Auch bei zusammengesetzten Wörtern bleibt das b erhalten. Löse das Rätsel.

Sauger für den Staub											
Gabel zum Graben	G	R	A	B	G	A	B¹	E	L		
Deckel zum Schrauben									3		
Tisch zum Schreiben					8						
Katze, die raubt											
Baum mit Laub					2						
Block zum Schreiben					6						
Karre zum Schieben				U							
Stoff zum Kleben				4							
ein halber Kreis							5				
Nessel, die nicht brennt, sondern taub ist	7										

Lösungswort: [1] [2] [3] [4] [5] [6] [7] [8] !

Mein Rechtschreibheft

3. Schreibe mindestens zwei Wörter von hier auf deiner letzten Seite (Seite 75) auf.

d am Wortende (S. 22, 23, 24, 25)
1. nicht krank, sondern ... 2. nicht am Morgen, sondern am ... 3. Es dauert nicht mehr lange, wir gehen ... nach Hause. 4. nicht eckig, sondern ... 5. Kleidungsstück für Mädchen und Frauen 6. Deine ... hat 5 Finger. 7. Kein Erwachsener, sondern ein ... 8. Das Auto hat ein Lenk... 9. Im Kunstunterricht malst du ein ... 10. Das Bild hängt an der ... 11. Die Türkei ist ein ... 12. Der ... ist ein beliebtes Haustier.

g am Wortende (S. 26)
13. nicht die Nacht, sondern der ... 14. Der ... fährt auf Schienen. 15. Alte deutsche Münze
16. Der Clown ist ... 17. Peter weiß alles, er ist ... 18. Die Ritter lebten auf einer ... 19. Die Zugspitze ist der höchste ... in Deutschland.

b am Wortende (S. 27)
20. eine helle Farbe 21. zwölf ist ... so viel wie vierundzwanzig. 22. Tina mag ihr Brüderchen sehr gern, sie hat es ... 23. Das Kätzchen liegt in einem ... 24. Der ... hat in der letzten Nacht Schmuck geklaut.

Prüfe, ob die Wörter in deinem Grundwortschatz stehen.
Wenn nicht, schreibe sie fehlerfrei dazu.

der Abend   bald   der Berg   das Bild   die Burg   der Dieb   gelb
gesund   halb   die Hand   der Hund   das Kind   das Kleid
klug   der Korb   das Land   lieb   lustig   der Pfennig   das Rad   rund
der Tag   die Wand   der Zug

Suche drei schwierige Wörter des Rätsels heraus
und schreibe sie auf deine letzte Seite (Seite 75).

Wörter mit ä

Datum

ä kommt von **a**. Aus **a** wird **ä**.

1. Bilde die Mehrzahl. Denke an die Regel.

ein Hahn ⇨ viele *Hähne*   ein Zahn ⇨ viele _____

ein Apfel ⇨ viele _____   ein Rad ⇨ viele _____

ein Mann ⇨ _____ _____   ein Ball ⇨ _____ _____

ein Dach ⇨ _____ _____   ein Blatt ⇨ _____ _____

ein Land ⇨ _____ _____   ein Glas ⇨ _____ _____

ein Wald ⇨ _____ _____

(Die Mehrzahlformen stehen auch im Wörterbuch.)

2. Bilde von diesen Adjektiven die Steigerungsformen.
   Denke an die Regel auf dieser Seite.

warm - *wärmer*   - am *wärmsten*

scharf - _____ - am _____

lang - _____ - am _____

arm - _____ - am _____

alt - _____ - am _____

hart - _____ - am _____

kalt - _____ - am _____

schwach - _____ - am _____

nah - _____ - am _____

⇨ Achtung! Prüfe diese Zeile mit der Wörterliste nach.

3. Setze **a** oder **ä** in die Lücken ein
   und verbinde die zwei Wörter aus einer Wortfamilie.

(Kontrolle: 9-mal a, 9-mal ä)

die Gef__hr   die Fl__che   z__rtlich   gef__hrlich   das R__tsel   n__h

__r__ten

der B__cker

die N__he

__ngstlich

das Gep__ck

p__cken

z__rt   uas__bl   fl__ch   das Gebl__se   die __ngst   b__cken

Mein Rechtschreibheft

1. Zaubere alles klein mit „chen" oder „lein". Schreibe ganze Sätze.

Katze Mann Hase Nase Hand Schaf Hahn Blatt   O

Aus der Katze wird ein Kätzchen.

_____

_____

_____

_____

_____

_____

2. Suche zu jedem Wort mit ä ein verwandtes Wort mit a aus dem Sack.

Bäcker ⇨ *backen* _____   sie wächst ⇨ _____

Wände ⇨ _____   Hände ⇨ _____

er fährt ⇨ _____   er hält ⇨ _____

sie wäscht ⇨ _____   wärmer ⇨ _____

älter ⇨ _____   Äste ⇨ _____

wählerisch ⇨ _____   er zählt ⇨ _____

Räder ⇨ _____   Ärzte ⇨ _____

länger ⇨ _____   sie fängt ⇨ _____

Stängel ⇨ _____   Bändel ⇨ _____

Stange wachsen halten Band fangen
lang Rad Hand warm Ast
backen Wand Wahl waschen Zahl alt Arzt

⇨ Wie viele Wörter mit ä stehen schon auf deiner letzten Seite? ____

Mein Rechtschreibheft

ä oder e

Hier gilt: Aus a wird ä und e bleibt e.

1. Zu jedem Wort im oberen Kasten gibt es ein verwandtes im unteren. Finde die Paare und schreibe sie auf. Setze nur ä oder e ein.

Glas   -   *Trinkgläser*

_____ - _____

_____ - _____

_____ - _____

_____ - _____

_____ - _____

_____ - _____

_____ - _____

_____ - _____

_____ - _____

_____ - _____

| G̶l̶a̶s̶ Bank Kraft |
| ein Nagel ein Mantel Saft |
| Schrank Stadt heben |
| fehlen blasen raten |
| erschrecken Schnecke |

| Kleiderschr__nke Trinkgl__ser |
| Verr__ter Riesenschr__ck |
| Wasserschn__cke |
| Schreibf__hler Luftgebl__se |
| Gewichth__ber Obsts__fte |
| viele Eisenn__gel Parkb__nke |
| Großst__dte |
| zwei Winterm__ntel |
| Bärenkr__fte |

(Kontrolle: 10 Wortpaare mit a/ä, 4 Wortpaare mit e)

2. Versuche, zu jedem Wort mit Lücke ein verwandtes Wort im Wörtersack zu finden, und schreibe es auf die Zeile daneben. Dann kannst du ä oder e richtig ergänzen.

gef__hrlich ⇨ _____   F**ä**hre ⇨ *fahren* _____

Schr__ck ⇨ _____   F__hler ⇨ _____

B__ckerei ⇨ _____   schl__frig ⇨ _____

langst__ngelig ⇨ _____   Schuhb__ndel ⇨ _____

(Kontrolle: 6-mal a/ä, 2-mal e)

Wörtersack: Gefahr, Stange, fahren, backen, fehlen, erschrecken, Band, schlafen

3. Finde im Wörterbuch mindestens zwei Nomen/Substantive, die mit Ä beginnen. Schreibe auch die Seitenzahl dazu.

Mein Rechtschreibheft

_____   _____   _____

(Wort)   (Seite)

Wörter mit äu

 **äu kommt von au. Aus au wird äu.**

1. Schreibe alle Wörter aus dem Bild mit Einzahl und Mehrzahl in die Tabelle. Denke dabei an die Regel.

Einzahlform	Mehrzahlform	Einzahlform	Mehrzahlform
eine Laus	*viele Läuse*		

(Kontrolle: In jedem Feld ein Wort mit au oder äu)

2. Zaubere alles klein.

Aus jedem D _au_ men wird ein D _äu_ mchen.

Aus jeder T___be w_____ e_____ T___bchen.

____ _____ H___s _____ _____ _____.

____ _____ M___s _____ _____ _____.

___ _____ Schr___be _____ _____ _____.

____ _____ B___m _____ _____ _____.

3. Welche Wörter in der Wörterliste ab Seite 72 fangen mit l, L oder s, S an und haben ein äu? Schreibe sie hier auf.

_____

(Kontrolle: 5 Wörter)

Wörter mit äu

Datum

**1. Zu jedem Wort mit äu gibt es ein verwandtes Wort mit au.
Finde die Paare und schreibe sie auf.**

~~häufig~~   Gebäude   ~~Haufen~~   Baum   träumen   rauschen
schäumen   bauen   betäuben   aufräumen   Läufer   Säugetier
Verkäuferin   taub   Geräusch   mauern   Obstbäume   Traum
Schaum   Raum   kaufen   laufen   saugen   Gemäuer

häufig - *Haufen*   _____ - _____

_____ - _____   _____ - _____

_____ - _____   _____ - _____

_____ - _____   _____ - _____

_____ - _____   _____ - _____

_____ - _____   _____ - _____

2. Ergänze in den Wörtern nur au oder äu.

B___m ⇨ B___me   Kr___t ⇨ Kr___ter   Str___ch ⇨ Str___cher

l___fen ⇨ er l___ft   H___s ⇨ H___schen   r___schen ⇨ Ger___sch

b___en ⇨ Geb___de   Tr___m ⇨ tr___men   s___gen ⇨ S___getier

M___s ⇨ M___se, M___schen, M___sejagd, M___sefleisch, Feldm___schen

**3. Ergänze die Lücken in der Geschichte
mit äu-Wörtern aus Aufgabe 2.**

Hinter einem zerfallenen _____chen, wo keine Leute mehr wohnen, hockt

der Kater Moritz und freut sich. Er _____ von frischem _____fleisch,

denn heute geht er auf _____. Auf leisen Sohlen schleicht er

sich zwischen _____, _____ und _____ hindurch.

Endlich entdeckt er ein Feld_____; er duckt sich und springt.

Doch das kleine _____ hat wohl ein _____ gehört. Schnell flitzt

das scheue _____ hinter das alte _____ in sein Mauseloch

hinein. Moritz _____ schnell hinter seiner Beute her. Doch zu spät. Von

_____fleisch kann er heute nur noch _____.

4. Kreise auf dieser Seite alle äu rot ein.

Mein Rechtschreibheft

Wörter mit tz

 Vor tz steht ein kurzer Selbstlaut.

1. Ergänze bei den Wörtern im Bild jeweils einen Selbstlaut und das **tz**. Wie heißen die Wörter? Schreibe sie auf die Zeilen.

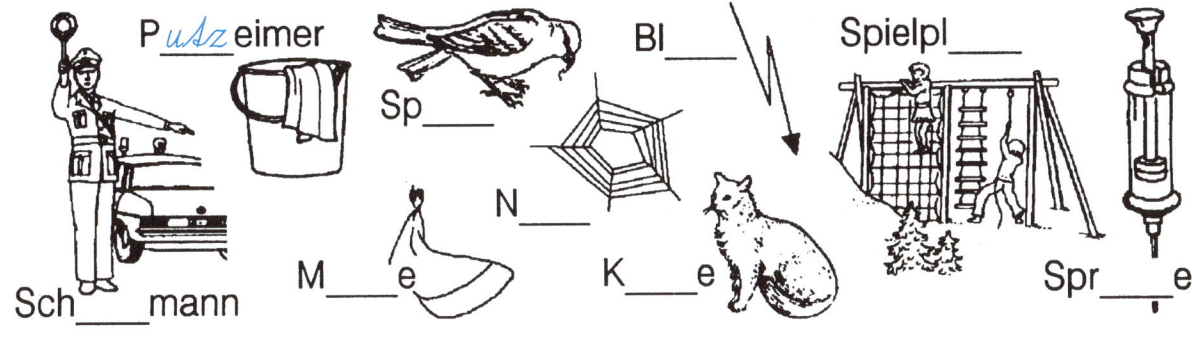

P _utz_ eimer
Sp____
Bl____
Spielpl____
Sch____mann
M___e
N____
K___e
Spr___e

Putzeimer, _____

_____

(Kontrolle: 9 Wörter mit tz)

2. Kreise auf den Zeilen von Aufgabe 1 alle **tz** rot ein.

3. Ergänze die Rätselsätze. Sie enthalten nur Reimwörter mit **-itzen**.

Mit dem Wasser kannst du _spritzen_ .

Im Sommer, wenn es heiß ist, werden wir _____.

Auf dem Stuhl kannst du _____.

Wenn es ein Gewitter gibt, sieht man es _____.

In das Holz kann man etwas _____.

Deine Bleistifte musst du _____.

Ganz schnell rennen nennt man _____.

4. Schreibe die Verben des **tz**-Rades auf und kreise auf den Zeilen alle **tz** ein.

_____

_____

_____

_____

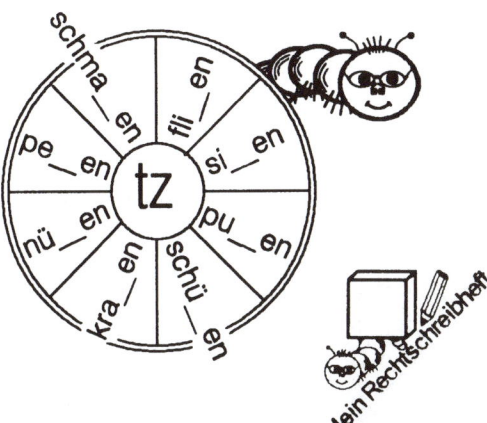

schma__en
fli__en
si__en
pu__en
pe__en
nü__en
kra__en
schü__en
tz

Wörter mit tz

> Vor tz steht immer ein Selbstlaut.
> Auf einen Mitlaut folgt nie tz.

**1. Die Spinne hat in ihrem Netz eine Menge tz-Wörter gefangen.
In ihnen fehlt aber jeweils der Selbstlaut vor dem tz. Setze die
Selbstlaute ein und schreibe die tz-Wörter auf.**

schwatzen, _____

_____

_____

_____

_____

kr_tzen
schw_tzen fl_tzen s_tzen p_tzen
gl_tzen bl_tzen
k_tzeln h_utzen
_l_tzen p_tzen
kr_tzeln gl_tzern
schm_tzen

(Kontrolle: 14 Wörter mit tz)

> **atz**, **etz**, **itz**, **utz** werden immer mit tz geschrieben.

**2. In den folgenden Wörtern fehlen die Wortteile der letzten Regel.
Setze sie ein und schreibe die Wörter sortiert in die Tabelle.
Kreise die Wortteile atz, etz, itz oder utz mit einer eigenen Farbe ein.**

p_etz_en p_utz_en verl____en Sp____ sp____ Bl____ Pl____ schm____ig

kr____en s____en s____en verd____t kr____eln pl____en N____ K____e

zerf____en Spr____e bl____en Sch____ Sch____ Schl____ Schm____

h____en Kr____er ben____en ben____en T____e H____e H____e

-utz (6)	-atz (8)	-etz (8)	-itz (8)
		petzen	

1. Die Leseraupe hat Wörter mit **tz** verschluckt.
Ergänze die angefangenen Reimwörter in den Raupen.

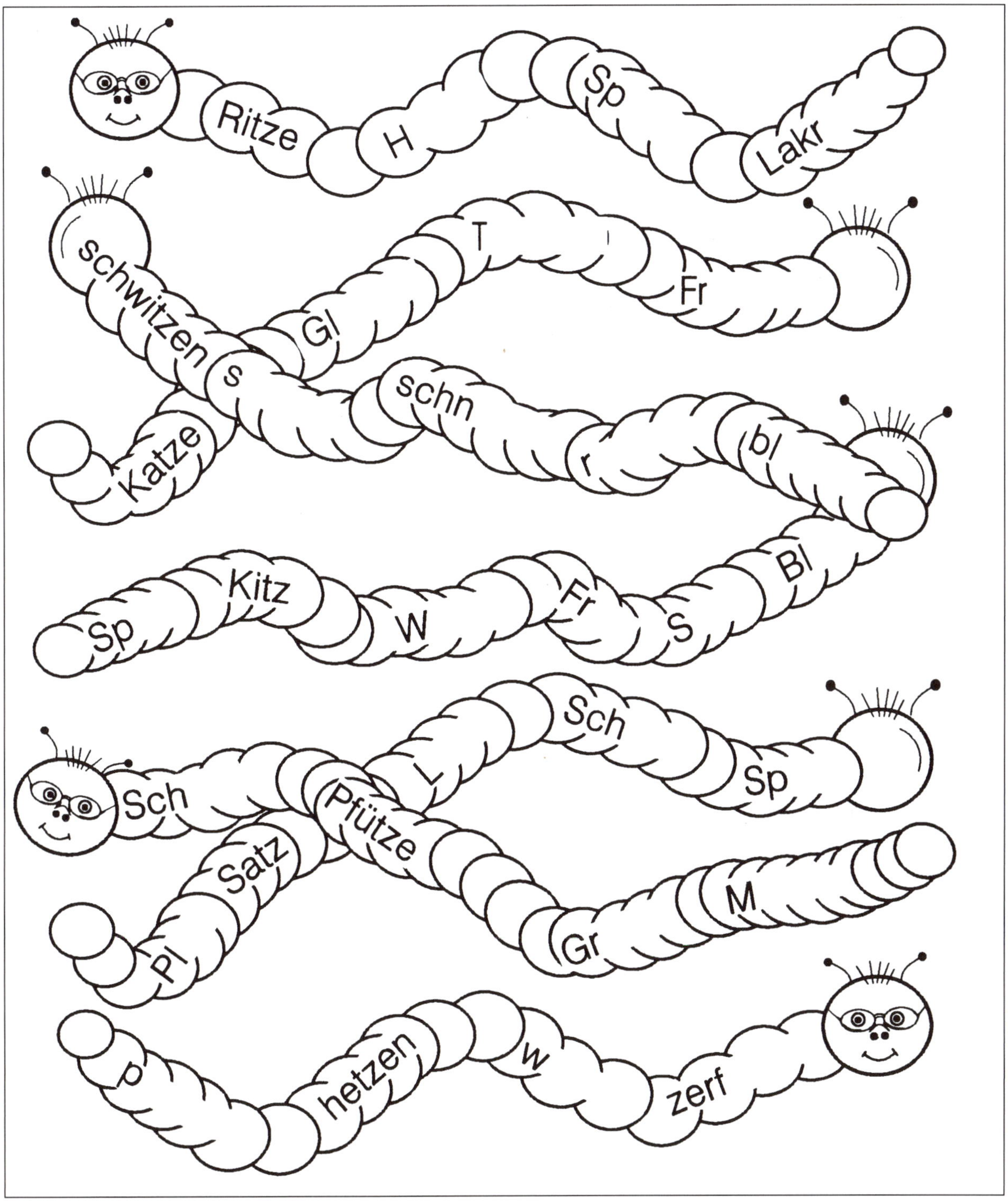

Ritze H Sp Lakr

schwitzen s Gl T Fr

Katze schn bl

Sp Kitz W Fr S Bl

Sch Pfütze Sch Sp

Satz L

Pl Gr M

P hetzen w zerf

2. Kreise auf dieser Seite alle **atz** gelb, alle **etz** rot,
alle **itz** blau und alle **ütz** grün ein.

Z

Was macht deine letzte Seite?
Wie viele Wörter stehen schon dort?

Mein Rechtschreibheft

Verben mit tz

Datum

Das tz bleibt in allen Formen des Verbs (Tuworts) erhalten.

1. Setze diese Verben (Tuwörter) in die ich-, du- und wir-Form.

nützen flitzen sitzen putzen glotzen kratzen ritzen spritzen spitzen

ich-Form	du-Form	wir-Form
ich nütze	*du nützt*	*wir nützen*

(Kontrolle: Alle Felder müssen gefüllt sein.)

2. Ergänze und bilde die Vergangenheitsform.

es nü __tz__ t - *es* _____ *nützte* _____   er fli___t - _____ _____

es bli___t - _____ _____   ich spri___e - _____ _____

sie ri___t - _____ _____   er kri___elt - ___ _____

sie schwä___t - _____ _____   es pla___t - ___ _____

er schma___t - ___ _____   sie pu___t - _____ _____

er glo___t - _____ _____   er kra___t - ___ _____

sie verle___t sich - _____ _____ _____

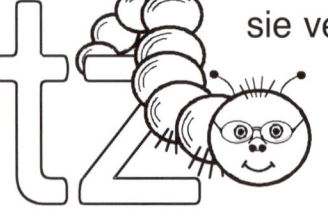

3. Suche aus deinem Wörterbuch mindestens 4 Verben (Tuwörter) mit tz heraus und schreibe sie auf die Zeilen.

_____

_____

Wörter ohne tz und ohne ck

> Nach **l, n, r** - das merke ja - steht **nie tz** und **nie ck**.

1. Setze in die Wortlücken nur z ein.
Sortiere die Wörter in die Tabelle ein. Denke dabei an die Regel.

Kran_z_ Schür__e Sal__ Pflan__e Hol__ Wur__el Pil__ Wal__e Her__
Schmer__en Tan__ Wan__e kür__en wür__en schwän__en gan__
Schwan__ Stel__en wäl__en Glan__ stür__en schwar__ Gewür__ Stur__
Pel__ Ar__t Gren__e Ker__e glän__en win__ig pflan__en Schan__e Scher__ Mär__

-lz	
	(7)

-nz	
Kranz	
	(13)

-rz	
	(14)

2. Setze in die Wortlücken nur k ein.
Sortiere die Wörter in die Tabelle ein. Denke dabei an die Regel.

On_k_el An__er verul__en mel__en stin__en blin__en Or__an schen__en
Gur__e En__el Dir__ dan__e Win__el zan__en win__en Vol__
Hen__el mer__en dun__el Bal__en Schin__en Len__rad den__en Nel__e

-lk	-nk	-rk
	Onkel	
		(4)
(5)	(15)	

Datum

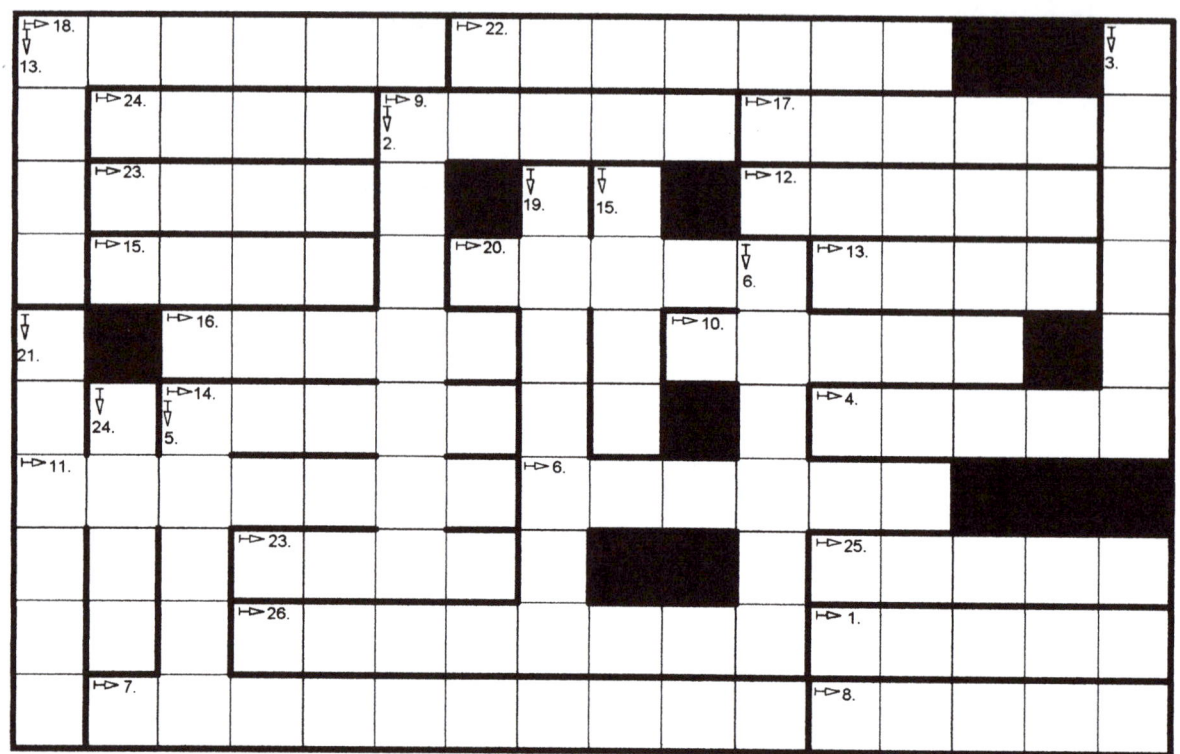

Wörter mit ä (S. 30, 31, 32)

1. An dem Obstbaum hängen viele große, rote ... 2. Die Birke hat keine Nadeln, sondern ... 3. Italien, Frankreich und Deutschland sind ... 4. Das Auto hat vier ... 5. Um Tennis zu spielen, braucht man mehrere Tennis... 6. Die meisten Kinder können schon bis 10 ..., wenn sie in die Schule kommen. 7. Ihr dürft nicht auf das Dach klettern, das ist zu ... ! 8. Deine ... haben zusammen zehn Finger.

Wörter mit äu (S. 33, 34)

9. Auf dieser Wiese stehen viele Obst... 10. Die Katze jagt gerne ... 11. In der Nacht schlafen und ... wir.

Wörter mit tz (S. 35, 36, 37, 38)

12. Die ... jagt gerne Mäuse. 13. Wenn ein ... zu Ende ist, kommt ein Punkt. 14. Bei einem Gewitter gibt es ... und Donner. 15. Der Clown erzählt einen lustigen ... 16. In diesem Bus haben 45 Leute ... 17. Im Winter trägst du auf dem Kopf eine ... 18. Auf diesen Stühlen kann man bequem ... 19. Dein Bleistift ist stumpf, du musst ihn ... 20. nicht stumpf, sondern ... 21. Die Fenster sind dreckig, man muss sie ...

Wörter ohne tz (S. 39)

22. Der Löwenzahn ist kein Tier, sondern eine ... 23. Dein ... schlägt etwa 60-mal in der Minute. 24. Wenn du krank bist, musst du zum ... gehen. 25. Am ersten Advent zünden wir eine ... an. 26. Der Gärtner geht in den Garten, er will Rosen ein...

Prüfe, ob die Wörter in deinem Grundwortschatz stehen. Wenn nicht, schreibe sie fehlerfrei dazu.

die Äpfel   der Arzt   die Bälle   die Bäume   die Blätter   der Blitz
gefährlich   die Hände   das Herz   die Katze   die Kerze   die Länder
die Mäuse   die Mütze   die Pflanze   pflanzen   der Platz   putzen
die Räder   der Satz   sitzen   spitz   spitzen   träumen   der Witz   zählen

Suche drei schwierige Wörter des Rätsels heraus und schreibe sie auf deine letzte Seite.

Datum

| Es gibt nicht viele Wörter mit v. |
| Die wichtigsten musst du dir merken. |

1. Lies dir diese 10 Wörter mindestens 5-mal durch, decke sie dann nacheinander zu und schreibe sie auswendig auf.

Vater Vogel Vase voll viel   vielleicht vier von vorne vor

_____

2. Wie du schon gemerkt hast, wird das V manchmal wie f und manchmal wie w gesprochen. Sortiere die V-Wörter richtig ein.

Violine, _____   *von,* _____

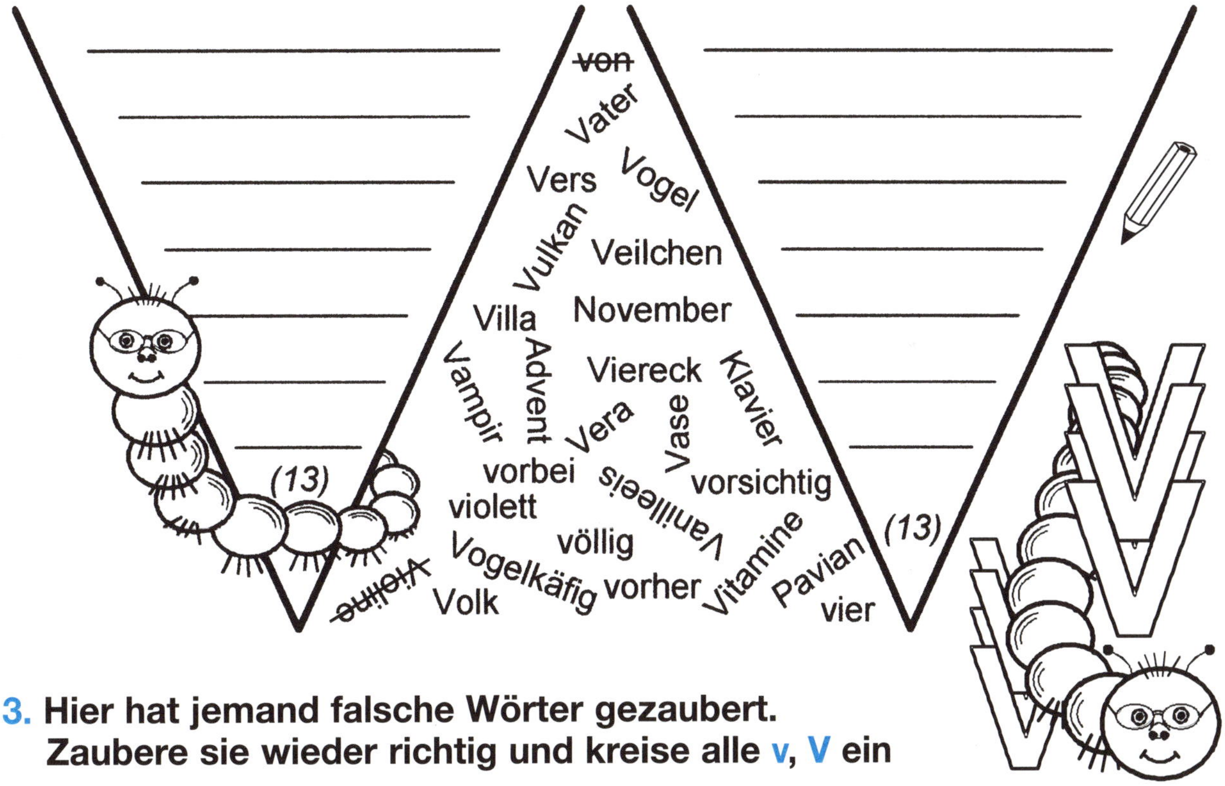

_____   _____

_____   _____

_____   _____

_____   _____

_____   _____

von
Vater
Vers Vogel
Vulkan Veilchen
Villa November
Vampir Advent Viereck Klavier
Vera Vase vorsichtig
vorbei Vanilleeis
violett Vitamine
völlig
Vogelkäfig vorher Pavian
Violine Volk vier

(13)   (13)

3. Hier hat jemand falsche Wörter gezaubert.
Zaubere sie wieder richtig und kreise alle v, V ein

Vanillenest ~~Vulkaneis~~ Großvase Blumenstuhl Klaviertablette Vitaminvater
Vollkorn~~ausbruch~~ Vogelbrot Liedmond Vordervers Vollkranz Adventsrad

Vulkanausbruch _____

_____

_____

4. Schreibe mindestens zwei Wörter mit v oder V auf deine letzte Seite.

Mein Rechtschreibheft

ver- und vor-

Datum

Wörter mit der Vorsilbe ver- und vor-
werden immer mit v geschrieben.

**1. Trage die Wörter in die Tabelle ein. Kreise die Vorsilbe ver-
mit Blau, die Vorsilbe vor- mit Rot ein.**

laufen kaufen   stand   singen   machen   fahrt   name
       raten
ver   Ver—kehr   vor   Vor—mittag
    stehen   spielen
stecken gessen   kauf   steck gehen   turnen   sicht

ver-	
Ver-	
vor-	
Vor-	

**2. Suche im Wörterbuch mindestens 3 weitere Wörter mit
ver-, Ver-, vor- und Vor-. Schreibe sie auch in die Tabelle
von Aufgabe 1. Achtung, es müssen 12 neue Wörter sein!**

**3. Sortiere die 4 Nomen/Substantive mit Vor- aus Aufgabe 1
nach dem Alphabet.**

Mein Rechtschreibheft

1. Setze die Wortzüge zusammen.
Achtung: Viele Wagen passen an beide Lokomotiven!

vorbereiten

(9 Wörter mit vor)

(11 Wörter mit ver)

2. Hier musst du Wörter reparieren. Damit aus den Wortresten Nomen werden, musst du die Vorsilbe **Vor-** oder **Ver-** dazusetzen. Schreibe die Wörter <u>mit Begleiter</u> auf.

Ver-	Vor-
der Verband	
(11)	(10)

(Die Begleiter stehen auch im Wörterbuch.)

E

ver-, vor-, Vorder-, Voll-

1. Mit der Vorsilbe **Ver-** und der Nachsilbe **-ung** kannst du
aus Adjektiven Verben und Nomen bilden.

Adjektiv (Wiewort)	Verb (Tuwort)	Nomen/Substantiv
anders ⇨	_____ ⇨	_____
stark ⇨	_____ ⇨	_____
giftig ⇨	_____ ⇨	_____
groß ⇨	_____ ⇨	_____
teuer ⇨	*verteuern* ⇨	*Verteuerung*
sicher ⇨	_____ ⇨	_____
spät ⇨	_____ ⇨	_____
lang ⇨	_____ ⇨	_____
tief ⇨	_____ ⇨	_____
besser ⇨	_____ ⇨	_____

...teuer... ...eds... ...besser... ...sicher... ...länger... ...gift... ...groß... ...tief... ...änder... ...stärk...

2. Welche Vorsilbe passt: Ver- oder Vorder-?   *(6-mal Ver-, 6-mal Vorder-)*

der _____kehr	die _____seite	das_____steck
der _____grund	die _____abschiedung	der _____sitz
das _____rad	der _____band	der _____reifen
das _____bot	die _____pfote	die _____packung

⇨ Zu welcher Wortart gehören die Wörter in Aufgabe 2? _____

3. Welche Vorsilbe passt: Vor- oder Voll-?   *(8-mal Vor-, 7-mal Voll-)*

der _____mittag	der _____bart	der _____schlag
die _____milch	die _____bremsung	v_____zählig
die _____schrift	der _____garten	der _____ort
das _____kornbrot	die _____silbe	der _____mond
die _____stellung	das _____gas	die _____fahrt

⇨ Zu welcher Wortart gehört das Wort ohne Begleiter in Aufgabe 3?

Es ist ein _____.

**4. Finde in deinem Wörterbuch je 2 weitere Wörter
mit Vor-, Ver- und Voll-. Achtung, es müssen 6 neue Wörter sein!**

_____

_____

Viel, viele, vieles usw. schreibt man immer mit v.

1. Das Bild enthält viele Dinge. Schreibe sie auf und denke dabei auch an die Regel von Seite 30.

viele Gänse, _____

_____

_____

_____

(Kontrolle: 13 Begriffe)

2. Schreibe die Mehrzahlform mit „viele" dazu.

ein Haus - _____   ein Baum - _____

ein Traum - _____   eine Bank - _____

ein Zahn - _____   eine Laus - _____

eine Maus - _____   ein Schrank - _____

(Achtung: Aus a wird ä, aus au wird äu.)

3. Schreibe die viel-Wörter aus dem Wörterrad auf die Zeilen. Suche dann aus dem Wörterbuch mindestens vier neue Wörter heraus, die mit viel- beginnen, und schreibe sie auch hier auf.

_____

_____

_____

_____

Kreise in Aufgabe 3 alle
viel- bunt ein.

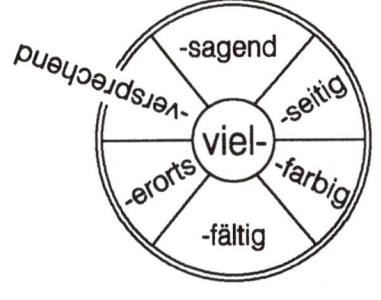

-sagend / -seitig / -farbig / -fältig / -erorts / -versprechend / viel-

Mein Rechtschreibheft

Wörter mit chs

1. Lies dir die Wörter genau durch und höre, wie chs klingt.

Fuchs	Luchs	Büchse	Dachs	Lachs	wachsen
Eidechse	Füchse	Wachs	erwachsen	wechseln	Achse
sechs	Nachwuchs	Erwachsener	Ochse	Sachsen

2. Kreuze nun die richtige Aussage an und streiche die falschen durch.

☐ chs klingt wie ch   ☐ chs klingt wie x   ☐ chs klingt wie g

3. In den Kästchen bedeuten gleiche Zahlen auch gleiche Buchstaben. Trage sie ein. Die Begriffe aus Aufgabe 1 helfen dir dabei.

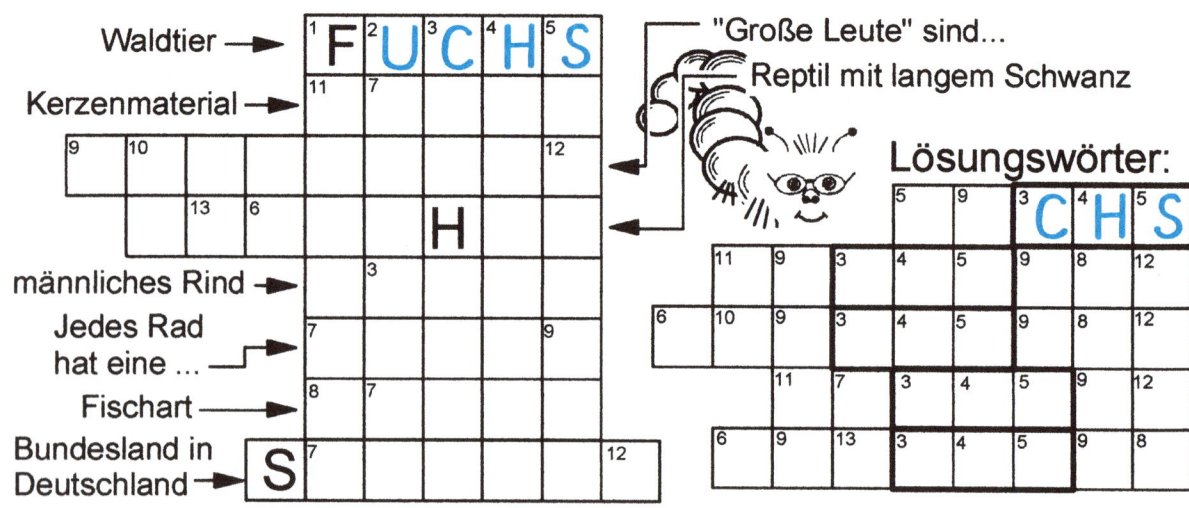

Was haben die Lösungswörter gemeinsam? _____

4. Ordne die 17 Begriffe aus Aufgabe 1 nach dem Alphabet. Wenn du beim Ordnen unsicher bist, vergleiche mit der Reihenfolge im Wörterbuch.

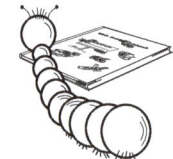

_____

_____

_____

_____

5. Steht auf deiner letzten Seite (Seite 75) schon ein Wort mit chs? Wenn nicht, dann suche dir hier mindestens zwei aus, die du dort aufschreibst.

6. Kreise in allen selbst geschriebenen Wörtern auf dieser Seite das chs bunt ein.

1. Bilde mit Hilfe der chs-Blume Wörter und schreibe sie auf. Kreise alle chs blau ein.

erwachsen, _____

_____

_____

_____

_____

(Kontrolle: 12 Wörter mit chs)

Blume: -chs(-); Fu-, Wa-, Lu-, A-, O-, Da-, erwa-, wa-, Eide-, Bü-, we-, se-; -e, -e, -e, -e, -eln, -en, -en

2. Setze die richtigen chs-Wörter von Aufgabe 1 in die Sätze ein.

Damit Pflanzen _____ können, brauchen sie Licht und Wasser.

Der _____ hat ein rötliches Fell und einen buschigen Schwanz.

Wir essen heute Erbsensuppe aus der _____.

Die Buchstaben d und t kann man leicht ver_____.

Tante Lotti hatte schon einmal _____ Richtige im Lotto.

Wenn man Kerzen herstellen will, braucht man flüssiges _____.

Wenn du groß bist, bist du _____.

_____liegen gerne in der Sonne und lassen sich wärmen.

Der _____ hat eine schwarzweiße Schnauze.

3. Hier hat jemand falsche Wörter gezaubert. Zaubere sie richtig.

~~Ski~~achse, Fahrrad~~wachs~~   *Skiwachs,* _____

Kerzenbüchse, Erbsenwachs   _____

Wechselbau, Dachsgeld   _____

Fuchspack, Sechserfell   _____

4. Setze chs ein und verbinde immer zwei zusammengehörende Reimwörter.

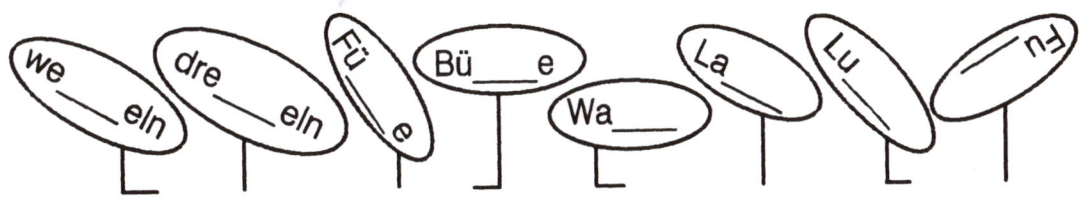

we___eln   dre___eln   Fü___e   Bü___e   Wa___   La___   Lu___   Fu___

Wörter mit x oder y

 Es gibt nur wenige Wörter mit x. Du musst sie dir merken.

**1. Lies dir die 8 x-Wörter mindestens 5-mal durch,
   decke sie dann zu und schreibe sie auswendig auf.**
   Axt   Max   Hexe   Taxi   Text   mixen   boxen   extra

2. Bilde aus dem Wörter-Rad weitere x-Wörter.

**3. Hier hat wieder jemand falsche Nomen/Substantive gezaubert.
   Zaubere sie wieder richtig und kreise dann alle x bunt ein.**

Hexentext, Liederhaus _____

Mixhandschuhe, Boxgetränk _____

Arztpreis, Extrapraxis _____

 Es gibt nur wenige Wörter mit y. Du musst sie dir merken.

4. Merke dir die 6 y-Wörter besonders und schreibe sie auswendig auf.
   Hobby   Teddy   Party   Pony   Baby   typisch

**5. Ergänze in den Wörtern y oder Y und schreibe sie auf die Zeilen.
   Kreise danach alle y und Y bunt ein.**

Yvonne   Hocke__   S__stem   T__p   P__ramide   __psilon   Ph__sik

X__lophon   Pon__   Hobb__   Part__   Äg__pten   Tedd__   Bab__

G__mnasium   G__mnastik   **Achtung: Genau abschreiben!**   y

 Yvonne, _____

_____

_____

(Kontrolle: 16 Wörter mit y oder Y)

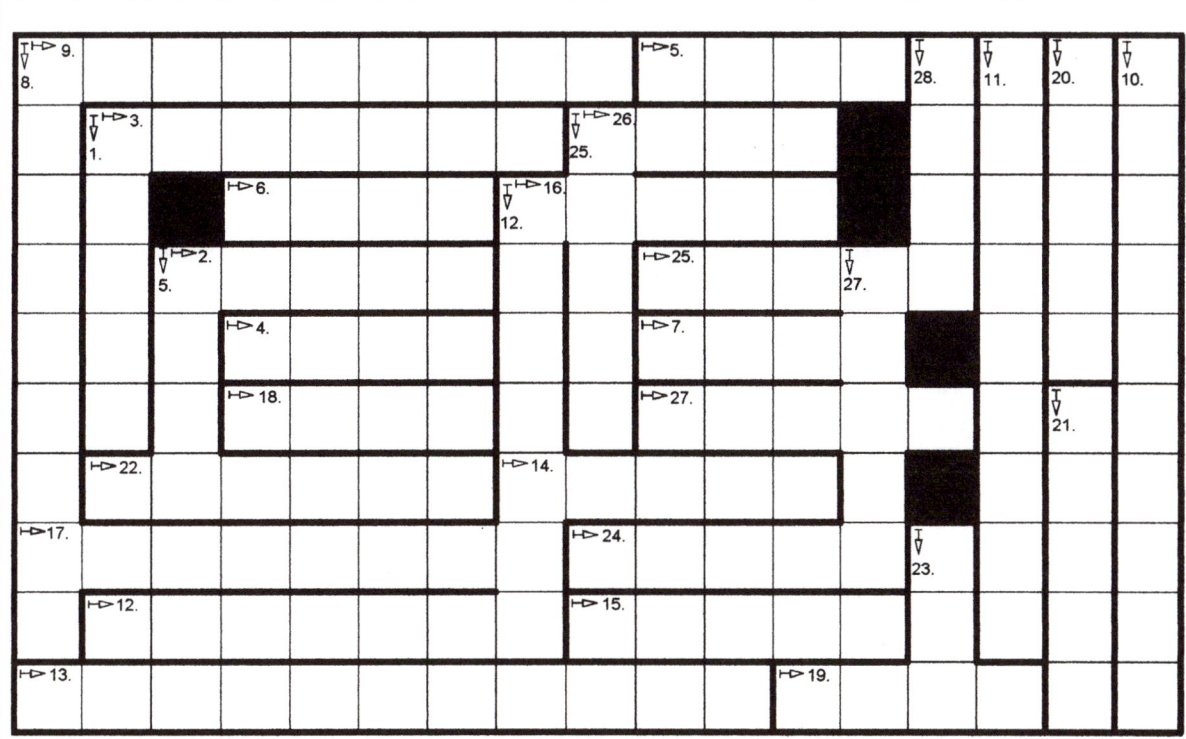

Wörter mit v (S. 41, 42, 43, 44, 45)
1. Du hast einen ... und eine Mutter. 2. Die Amsel ist ein schwarzer ... 3. Auf der Straße ist viel ... 4. Mein Heft ist ..., ich brauche ein neues. 5. Ein Auto hat ... Räder. 6. Es war heute lustig in der Schule, wir haben ... gelacht. 7. Stelle den Blumenstrauß in die ...! 8. Ich habe ..., meine Hausaufgaben zu machen. 9. Vorsicht! An der spitzen Kante kannst du dich! ... 10. Sei ..., sonst tust du dir weh!

Wörter mit chs (S. 46, 47)
11. Mit 18 Jahren bist du ... 12. Die Bohnenpflanzen ... sehr schnell. 13. Zwillinge kann man leicht ... 14. Die Note ... ist die schlechteste Note, die es gibt. 15. Der ... ist ein Waldtier mit rötlichem Fell. 16. Zum Kerzengießen braucht man flüssiges ... 17. Die ... ist ein kleines Reptil, das gerne in der Sonne liegt.

Wörter mit x (S. 48)
18. Ich fahre vom Bahnhof mit dem ... nach Hause. 19. Die kleine ... hat einen Raben, der Abraxas heißt. 20. Mit der Küchenmaschine kann man aus Bananen und Milch ein leckeres Getränk ... 21. Zum ... benutzen die Sportler dicke Lederhandschuhe. 22. Der Arzt arbeitet in seiner ... 23. Ein Spaß ist ein ...

Wörter mit y (S. 48)
24. Briefmarken sammeln ist mein ... 25. Toni feiert seine Geburtstags... 26. Ein kleines Pferd ist ein ... 27. Ein ... ist ein Kuscheltier mit braunem Fell. 28. Ein neugeborenes Kind nennt man ...

Prüfe, ob die Wörter in deinem Grundwortschatz stehen. Wenn nicht, schreibe sie fehlerfrei dazu.

das Baby   boxen   die Eidechse   erwachsen   der Fuchs   die Hexe
das Hobby   der Jux   mixen   die Party   das Pony   die Praxis   sechs
das Taxi   der Teddy   die Vase   der Vater   vergessen   der Verkehr
verletzen   verwechseln   viel   vier   der Vogel   voll   vorsichtig   das Wachs   wachsen

Suche drei schwierige Wörter des Rätsels heraus und schreibe sie auf deine letzte Seite.

s oder ß

s klingt sanft, ß klingt scharf

1. Das (weiche) s und das (scharfe) ß
klingen ganz verschieden.
Suche dir einen Partner, dem du das Gedicht so
vorliest, dass er den Unterschied hören kann.

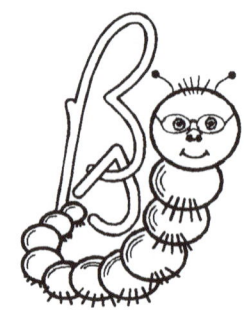

„**S**" klingt **s**anft wie **S**and und Wie**s**e,
Sommer und **S**onne, **S**uppe und Rie**s**e.
Auf dem Ra**s**en **s**onnt **s**ich ein Ha**s**e,
Fliegen **s**ummen und **s**urren um **s**eine Na**s**e;
sau**s**en, brau**s**en, Be**s**en und le**s**en,
Häu**s**er und Mäu**s**e,
da**s** i**s**t's schon gewe**s**en.

„**ß**" klingt scharf wie bei Hasenfu**ß**,
Blumenstrau**ß** und Geburtstagsgru**ß**,
drau**ß**en, au**ß**en, gro**ß** und hei**ß**,
im Winter ist die Stra**ß**e wei**ß**.
Gie**ß**en, flie**ß**en, hei**ß**en, zerrei**ß**en,
schie**ß**en, schlie**ß**en, rei**ß**en und bei**ß**en.

2. Kreise in dem Gedicht aus Aufgabe 1 alle s rot und alle ß blau ein.
Schreibe alle Wörter mit ß aus dem Gedicht in Aufgabe 1 heraus.

_____

_____

_____

(Kontrolle: 17 Wörter mit ß)

3. Sprich deutlich und ergänze die Verben richtig mit -ßen oder -sen.
Prüfe dann alle Wörter mit dem Wörterbuch nach und schreibe
dahinter, auf welcher Seite das Wort im Wörterbuch steht.

flie_____ , Seite ___   grü_____ , Seite ___   schlie_____ , Seite ___

bei_____, Seite ___   brau_____ , Seite ___   spei_____ , Seite ___

le_____ , Seite ___   hei_____ , Seite ___   sto_____ , Seite ___

bla_____, Seite ___   schie_____ , Seite ___   lö_____ , Seite ___

gie_____, Seite ___   sau_____ , Seite ___   zerrei_____ , Seite ___

(Kontrolle: 6-mal -sen, 9-mal -ßen)

4. Vervollständige diese Wörter nur mit ß.

blo__   drau__en   hei__   au__er   au__erdem   au__erhalb   Flo__

Gru__   gro__   flei__ig   Fu__   spa__ig   sü__   Sto__   wei__

Spa__   Stra__e   schlie__lich   anschlie__end

 Manchmal kannst du am Wortende nicht hören, ob du s oder ß schreiben sollst. Dann musst du verlängern.

1. Überprüfe die Regel von oben. Höre am verlängerten Nomen, ob es mit s oder ß geschrieben wird, und ergänze dann die Einzahlform.

viele Gläser ⇨ ein Glas

viele Grä__er ⇨ ein Gra__

viele Häu__er ⇨ ein Hau__

viele Mäu__e ⇨ eine _____

viele Fü__e ⇨ ein _____

viele Grü__e ⇨ ____ _____

viele Stö__e ⇨ ____ _____

viele Spä__e ⇨ ____ _____

viele Krei__e ⇨ ____ _____

viele Prei__e ⇨ ____ _____

(Kontrolle: 6 Wörter mit s, 4 Wörter mit ß)

⇨ Wenn du nicht sicher bist: Schau doch einmal ins Wörterbuch!

2. Bilde aus den Buchstaben im Rad Wörter mit ß.

_____

_____

(Kontrolle: 5 Wörter mit ß am Ende)

Rad: sü-, hei-, gro-, blo-, wei- (ß)

Zu welcher Wortart gehören die Wörter im Rad?

Die Wörter im Rad sind alle _____ .

3. Bilde aus den Buchstaben im Rad Wörter mit ß.

_____

_____

_____

(Kontrolle: 8 Wörter mit ß am Ende)

Rad: Strau-, Fu-, Flei-, Spa-, Stö-, Flo-, Gru-, Ru- (ß)

Zu welcher Wortart gehören die Wörter im Rad?

Die Wörter im Rad sind alle _____ .

4. Wie heißen die ersten drei Wörter aus der Wörterliste, die mit ß geschrieben werden?

_____ _____ _____

Mein Rechtschreibheft

ß oder ss

Datum

**1. Lies dir die Wörter gut durch und höre, ob der Selbstlaut vor dem
s-Laut lang oder kurz klingt. Ordne die Wörter in die Tabelle ein.**

~~Rüssel~~   Schlüssel   Kuss   Nuss   Schloss   Füße   Grüße
Stoß   messen   schießen   Riss   Fluss   vergessen
schließen   stoßen   fließen   fressen   Straße   müssen   gießen

kurz	lang
Rüssel	
(11)	(9)

**2. Kreise in der Tabelle von Aufgabe 1 alle ss rot und alle ß blau ein.
Du hast gemerkt:**

Klingt der Selbstlaut lang, so steht ß.
Klingt der Selbstlaut kurz, so steht ss.

**3. Höre nun, ob sich der Selbstlaut dieser Nomen/Substantive
lang oder kurz anhört, und trage ß oder ss ein.**

*(Kontrolle:
5-mal ß,
10-mal ss)*

Fu_____   Flu_____   Nu_____

Ku_____   Stra_____e   Wa_____er

Gru_____   Ga_____e   Scho_____

Spa_____   Schlü_____el   Schlo_____

Fa_____   Schü_____el   Schlu_____

**4. Höre jetzt, ob sich der erste Selbstlaut dieser Adjektive
lang oder kurz anhört, und trage ß oder ss ein.**

sü_____   grä_____lich   ri_____ig

bla_____   verge_____lich   wä_____rig

gro_____   hä_____lich   gewi_____enhaft

na_____   bi_____ig   wi_____begierig

*(Kontrolle:
2-mal ß,
10-mal ss)*

Mein Rechtschreibheft

 Nach kurzem Selbstlaut folgt ss, nach langem Selbstlaut ß.

1. Höre, ob bei den folgenden Verben (Tuwörtern) der erste Selbstlaut kurz oder lang klingt, und setze dann ss oder ß ein.

schlie____en	fre____en	grü____en
kü____en	me____en	la____en
ha____en	gie____en	mü____en
e____en	wi____en	bei____en
sto____en	flie____en	verbe____ern
schie____en	verge____en	hei____en
aufpa____en	fe____eln	*(Kontrolle: 8-mal ß, 12-mal ss)*

 Auch bei Personalformen von Verben (Tuwörtern) gilt:
Nach kurzem Selbstlaut folgt ss, nach langem Selbstlaut ß.

2. Schreibe die passende Personalform mit ss auf die Zeilen.

küssen - er _____   vergessen - du _____

müssen - ihr _____   essen - er _____

messen - er _____   hassen - er _____

ausbessern - er _____   wi____en - ihr _____

fressen - du _____   lassen - er _____

(Achtung: Lange Selbstlaute haben ß: Zum Beispiel er weiß, er aß, er fraß)

**3. Merke dir folgende Wörter mit ß genau
und schreibe sie auswendig auf die Zeilen.**
Fuß Gruß Straße Spaß weiß süß heiß groß

Stehen auf deiner letzten Seite
schon Wörter mit ß?

Wenn nicht, dann schreibe
mindestens drei verschiedene mit
ß dazu.

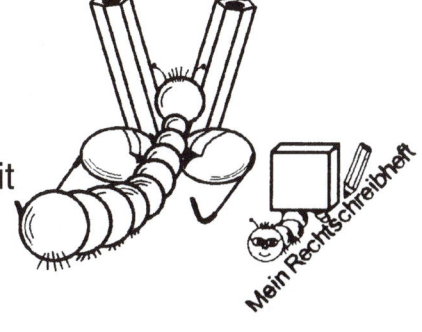

-heit, -keit, -nis, -ung

Datum

> Wörter, die auf -heit, -keit, -nis oder -ung enden, sind immer Nomen/Substantive und werden deshalb großgeschrieben.

1. Vervollständige die Wortanfänge mit den passenden Endungen aus der letzten Regel und sortiere die Wörter in die Tabelle ein.

Einsam*keit*   Erlaub_____   Berichtig_____   Ärger_____   Sauber_____

Dunkel_____   Verteidig_____   Heiter_____   Ergeb_____   Begrüß_____   Möglich_____

Ähnlich_____   Schwach_____   Sicher_____   Sicher_____   Erleb_____

Verbesser_____   Erkält_____   Klug_____   Wirklich_____   Schön_____   Zeug_____

Erklär_____   Hinder_____   Freundlich_____   Finster_____   Ehrlich_____

-heit
(5)

-keit
Einsamkeit
(8)

-nis
(7)

-ung

(7)

Kreise in der Tabelle von Aufgabe 1 jede Endung mit einer eigenen Farbe ein.

2. Bilde aus den Wörtern Nomen/Substantive mit -heit, -keit, -nis, -ung. Achtung: Nomen werden großgeschrieben.

~~erlauben~~   erklären   freundlich   möglich   erleben   berichtigen   fröhlich   verändern   dunkel   bewegen   hindern   erkälten   dumm   gesund

Erlaubnis, _____

_____

_____

_____

(Kontrolle: 3 Wörter mit -heit, 3 Wörter mit -keit, 3 Wörter mit -nis, 5 Wörter mit -ung)

> Durch Anhängen der Endsilbe -ig
> kann man aus vielen Nomen verwandte Adjektive machen.

1. Bilde aus den Nomen/Substantiven neue Adjektive (Wiewörter) **mit -ig.**
   Kreise alle -ig rot ein. (Achtung: Adjektive werden kleingeschrieben.)

~~Eis~~   Schmutz   Riese   Fleiß   Sonne   Wind   Spaß   Durst
Hunger   Neugierde   Farbe   Eile   Vorsicht   Ruhe   Mut

eisig,
_____

_____

(Kontrolle: 15 Wörter mit -ig)

> Adjektive mit der Endsilbe -ig werden immer
> am Ende mit g geschrieben, nie mit k.

**2. Das g am Ende von Adjektiven mit -ig hört man auch
   an der verlängerten Form. Setze die richtigen Adjektive
   aus dem Wörtersack ein und schreibe einen ganzen Satz.
   Kreise dann in deinem Satz das -ig bunt ein.**

ein *wendiges*_____ Auto   *Das Auto ist wendig.*

ein _____ Floh   _____

ein _____ Riese   _____

eine _____ Bluse   _____

ein _____ Hund   _____

ein _____ Tag   _____

ein _____ Nachbar   _____

ein _____ Winter   _____

ein _____ Pullover   _____

eine _____ Geschichte   _____

eine _____ Mauer   _____

eisig   riesig   ~~wendig~~   bissig
witzig   winzig   schmutzig   sonnig
rissig   farbig   neugierig

Mein Rechtschreibheft

**3. Prüfe, ob die Wörter im Wörtersack in
   deinem Grundwortschatz stehen.
   Wenn nicht, schreibe sie fehlerfrei dazu.**

-ig, -lich, -isch

> Auch an den Endsilben -lich und -isch erkennt man Adjektive (Wiewörter).

1. Sortiere die Wörter in die Tabelle.

~~herrlich~~ schädlich riesig fleißig russisch traurig schriftlich sonnig praktisch mündlich lustig niedrig vergeblich hungrig elektrisch neugierig fürchterlich gemütlich kindisch türkisch vorsichtig gefährlich eigentlich möglich nämlich plötzlich billig wirklich

-ig	-lich	-isch
	herrlich	
(10)	(13)	(5)

2. Kreise nun alle -ig rot, alle -lich blau und alle -isch gelb ein.

3. Vervollständige die Adjektive.

fert*ig*   sonn_____   prakt_____   traur_____

münd_____   neugier_____   schäd____   fleiß_____

niedr_____   elektr_____   schrift_____   lust_____

vergeb____   fürchter_____   ries_____

hungr_____   gemüt_____   hoffent_____

(Kontrolle: 9-mal -ig, 7-mal -lich, 2-mal -isch)

4. Kreise alle -ig rot, alle -lich blau und alle -isch gelb ein.

 Datum

-sam, -bar, -los, -haft

> Die Endsilben -sam, -bar, -los und -haft gehören zu Adjektiven, die kleingeschrieben werden.

1. Sortiere die Adjektive nach ihren Endungen in die Tabelle ein.

achtlos   schreckhaft   lesbar   sparsam   wunderbar   wundersam
furchtlos   furchtsam   furchtbar   erkennbar   schmackhaft   grausam
mühelos   mühsam   tatenlos   riesenhaft   arbeitslos   nahrhaft
langsam   erfolglos   appetitlos   sichtbar   gefahrlos   damenhaft   boshaft

-sam	-bar	-los	-haft
		achtlos	
(6)	(5)	(8)	(6)

2. Kreise nun in der Tabelle von Aufgabe 1 alle -sam rot, alle -bar blau, alle -los gelb und alle -haft grün ein.

> Die Endung -los endet immer mit s, die Endung -haft immer mit t.

3. Vervollständige die Adjektive mit -sam, -bar, -los oder -haft. Denke dabei an die letzte Regel. Kreise jede Endung mit den Farben von Aufgabe 1 ein.

sicht*bar*   grau_____   müh____

nahr_____   spar_____   furcht_____

gefahr____   schreck_____   lang_____

acht_____   wunder_____   erkenn_____

(Kontrolle: Alle Wörter findest du auch in Aufgabe 1.)

4. Schreibe von dieser Seite je ein Adjektiv mit -sam, -bar, -los, -haft auf deine letzte Seite (Seite 75).

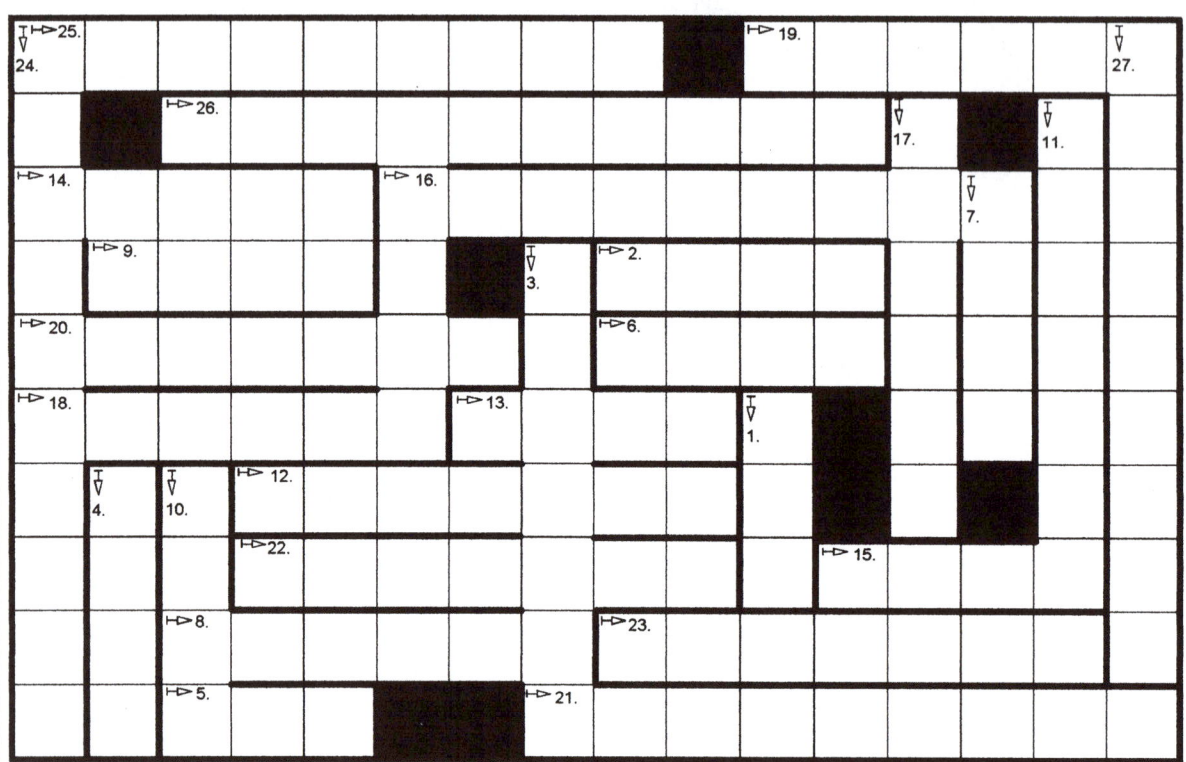

Wörter mit ß (S. 50, 51, 52, 53)

1. Dein ... hat fünf Zehen 2. Rätsel lösen macht mir ... 3. nicht drinnen, sondern ... 4. nicht schwarz, sondern ...
5. nicht sauer, sondern ... 6. nicht kalt, sondern sehr ... 7. nicht klein, sondern ... 8. Autos fahren auf der ...

Wörter mit ss (S. 51, 52, 53)

9. Eine ... hat eine harte Schale, die man knacken muss. 10. Jemandem, den du lieb hast, gibst du einen ...
11. Könige wohnen in einem ... 12. Jetzt ist aber ... mit dem Schwätzen! 13. nicht trocken, sondern ...
14. Der Main ist ein ... 15. Bier kann man aus einem großen ... zapfen.

Wörter mit -ig (S. 55, 56)

16. nicht sauber, sondern ... 17. sehr klein 18. sehr groß 19. nicht traurig, sondern ... 20. nicht satt, sondern
... 21. Wer immer alles wissen will, ist ... 22. Wer viel arbeitet, ist ... 23. nicht lustig, sondern ...

Wörter mit -lich (S. 56)

24. Mit dem Fahrrad auf der Straße freihändig zu fahren, ist zu ... 25. Das Wohnzimmer ist ... eingerichtet.

Wörter mit -los (S. 57)

26. Wer keine Arbeit hat, der ist ... 27. Wenn etwas nicht gefährlich ist, ist es ...

Prüfe, ob die Wörter in deinem Grundwortschatz stehen. Wenn nicht, schreibe sie fehlerfrei dazu.

arbeitslos   draußen   das Fass   fleißig   der Fluss   der Fuß
gefährlich   gefahrlos   gemütlich   groß   heiß   hungrig   der Kuss
lustig   nass   neugierig   die Nuss   riesig   das Schloss   der Schluss
schmutzig   der Spaß   die Straße   süß   traurig   weiß   winzig

Suche drei schwierige Wörter des Rätsels heraus und schreibe sie auf deine letzte Seite.

Du hörst scht, schreibst aber st.

1. Die Leseraupe hat viele St-Wörter gefressen.
   Schreibe auf, was sie alles aufgefressen hat.

Strumpfstadtstaubstreifenstrohstallstrickstierstimmestuhlstabstrich

Struwwelpeterstiefelsteppdeckesteinstellestiefmütterchenstahlstrahlstraßestoffstempel

Achtung: Namenwörter werden großgeschrieben!

Strumpf, Stadt,

_____

_____

_____

_____

(Kontrolle: 23 Nomen)

2. Bilde aus den Wörterrädern Wörter
   und sortiere sie in die Tabelle ein.

Nomen/Substantive	Verben (Tuwörter)	Adjektive (Wiewörter)

(Kontrolle: In jedem Tabellenfeld muss ein Wort stehen.)

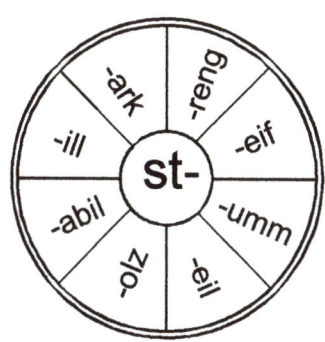

Wörter mit sp

Du hörst schp, schreibst aber sp.

1. Bilde Wörter mit Sp und sp. Achte auf Groß- und Kleinschreibung.

iel ~~aten~~ ur eise ritzen aren iegeln
ritze **Sp** aß ange ielen **sp** ülen
itze inne inat ringen itz üren ät
ieß rechen annen
itzen

Spaten,

_____

_____

_____

Zu welchen Wortarten gehören die Wörter? _____

2. Setze Sp oder sp ein.
   Schreibe dann alle Wörter richtig auf die Zeilen.

*Sp*echt ___atz ___ielen ___azieren ___aß ___iegel ___rudel

___ülen ___rechen ___üren Bei___iel Ge___enst ___itz ___ringen ___inat

___ät ___arbuch ___argel ___eicher ___ringseil ___ritzen ___inne

Specht,

_____

_____

_____

3. Kreise in den selbst geschriebenen Wörtern
   von Aufgabe 2 das sp, Sp am Wortanfang rot
   und das sp in der Wortmitte blau ein.

4. Wie oft steht in Aufgabe 2 das sp
   in der Wortmitte?

_____-mal

 Pf- hört man oft nur, wenn man sehr deutlich spricht. Deshalb muss man die wichtigsten pf-Wörter kennen.

1. Auf die Leseraupe regnen große Tropfen mit pf-Wörtern. Ordne die pf-Wörter richtig in die Tabelle ein.

Pflaume, Karpfen, Strumpf, Kampf, Pfanne, Pferd, Tropfen, Apfel, Pfosten, Pflanze

Pf- am Wortanfang	pf- im Wort oder am Wortende

(Kontrolle: In jedem Tabellenfeld muss ein Wort stehen.)

2. Löse das Pf-Rätsel. Benutze dabei die Wörter im Wörtersack.

Fußbekleidung — [| | | |1| |]
Mädchenfrisur — [| | | |]
Gefäß für Tierfutter — [| | | |]
Reittier — [| | | |]
rotbraunes Metall — [|10| | |9|]
Frucht von Nadelbäumen — [| | | |]
Stelle mit Wasser — [| | | |]
Gewürz — [|11| | |]

Bratgefäß — [4| | |]
Hundefuß — [| | |]
Südfrucht — [7| | |]
Bergspitze — [6|2| |]
einheimische Obstart — [3| | |]
kleine Wasserkugeln — [8| | |]
Verschluss an Jacken — [5| | |]
Kochgefäß — [| | |]

Lösungswort: [1|2|1|1|2] [3|4|5|6|7|8|9|10|m|1|11]

**3. Kreise alle pf auf dieser Seite rot ein, wenn das pf in der Wortmitte oder am Ende eines Wortes steht.
Kreise alle Pf am Wortanfang blau ein.**

4. Wie viele Wörter mit pf oder Pf am Wortanfang stehen in der Wörterliste ab Seite 72? _____ Wörter

5. Schreibe mindestens 2 Wörter mit pf oder Pf auf deine letzte Seite.

Wörtersack: Strumpf, Knopf, Apfel, Napf, Pfanne, Pfütze, Pfingsten, Zapfen, Gipfel, Tropfen, Pfeffer, Pfirsich, Topf, Zopf, Pfote, Kupfer, Pferd

 Mein Rechtschreibheft

Wörter mit qu

| Du hörst kw-, schreibst aber qu-. |

1. Hier fehlt überall Qu oder qu am Wortanfang. Setze es ein und schreibe die Wörter in die Zeilen, <u>wenn möglich mit Begleiter</u>. Kreise dann alle Qu oder qu dieser Aufgabe gelb ein.

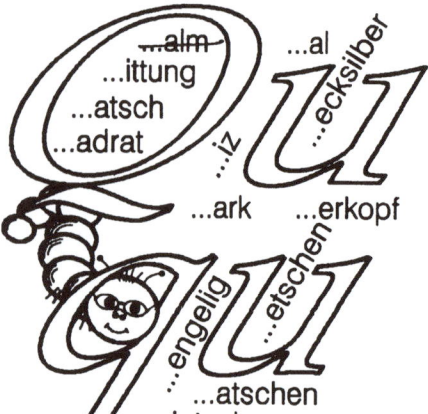

...alm
...ittung
...atsch
...adrat
...al
...ecksilber
...iz
...ark
...erkopf
...engelig
...etschen
...atschen
...ietschen

der Qualm

2. In jeder Reihe stehen die Wörter einer Wortfamilie. Nur ein Wort passt nicht dazu; streiche es durch.

~~die Qual~~, die Quelle, hervorquellen, quellfrisch, die Heilquelle
quatschen, der Quatschkopf, quaken, der Quatsch
quetschen, die Quetschwunde, quasseln, zerquetschen
die Qual, die Quälerei, quälen, qualmen, der Quälgeist
qualmen, der Qualm, er qualmt, sie quasselt
der Quark, quaken, die Quarkspeise, der Quarkkuchen

3. Sortiere die Wörter im Sack nach Wortarten. Denke daran, dass Nomen großgeschrieben werden.

Quiz, Qualm, Quälerei, quälen, Quelle, quetschen, quadratisch, unbequem, quasseln, quieken, quaken, quellfrisch, überqueren, quer, Quark, Quatsch, Quadrat, bequem

Verben (Tuwörter)	Nomen/ Substantive	Adjektive (Wiewörter)
	Quelle	
(6)	(7)	(5)

Wörter mit eu

Mit eu gibt es nur wenige Wörter. Du musst sie dir merken.

1. Lies dir jedes Wort aufmerksam durch, decke es dann zu und schreibe es auswendig auf die Zeilen.

Freund, Feuer, Leute, Flugzeug, teuer, neu, freundlich, freuen, treu, heute

_____

_____

(Kontrolle: 10 Wörter mit eu)

2. Setze die Wörter von Aufgabe 1 in die Sätze ein. Achte auf Groß- und Kleinschreibung. Kreise alle eu bunt ein.

Am Sonntag gehen viele _____ im Wald spazieren.

Ich habe einen guten _____, der immer _____ zu mir hält.

Auf dem Frankfurter Flughafen starten täglich viele _____.

Mein _____ Fahrrad war sehr _____.

Ich _____ mich, dass wir heute keine Hausaufgaben bekommen haben.

_____ Nachmittag gehe ich mit meinem _____ ins Schwimmbad.

Der Bademeister ist immer sehr _____ zu uns.

Gestern ist in einer Fabrik ein _____ ausgebrochen; die _____wehr

musste kommen, um es zu löschen.

3. Setze in die Wortstreifen die Wörter aus Aufgabe 1 richtig ein. Achte auf Groß- und Kleinschreibung.

4. Schreibe mindestens 2 Wörter mit eu auf deine letzte Seite.

Mein Rechtschreibheft

Wörter mit eu

1. Finde immer 3 Reimwörter mit eu, die zusammenpassen.

Feuer, treu, ~~Eule~~, heute, neu, Steuer, Beule, Leute, teuer, Keule, Heu, Beute

Eule - *B_____* - _____

_____ - _____ - _____

_____ - _____ - _____

_____ - _____ - _____

2. Setze in die Wörter eu oder Eu ein und schreibe sie auf.

sch _eu_ ßlich   f___cht   t___er   absch___lich   l___chten   sch___ern
str___en   bed___ten   tr___   fr___ndlich   ___le   F___erwehr   F___er
Flugz___g   h___len   Sch___ne   Ungeh___er   Fr___nd   d___tlich
N___igkeit   Z___gnis   n___   d___tsch   L___te   sch___   L___chter

scheußlich _____

_____

_____

_____

(Kontrolle: 25 Wörter mit eu, 1 Wort mit Eu)

**3. Kreise nun auf den Zeilen von Nr. 2 alle Verben (Tuwörter) rot,
alle Nomen/Substantive blau und alle Adjektive (Wiewörter) gelb ein.**

(Kontrolle: 5-mal rot, 11-mal blau, 10-mal gelb)

**4. Zaubere die zusammengesetzten Nomen/Substantive richtig
und kreise alle eu bunt ein.**

~~Scheunen~~mann, Steuer~~tor~~   *Scheunentor,* _____

Zeugniskreis, Freundesausgabe _____

Neuworträtsel, Kreuzwagen _____

Straßenwerk, Feuerkreuzung _____

**5. Finde in der Wörterliste ab Seite 72 alle eu-Wörter,
die mit einem n beginnen, und schreibe sie hier auf.**

_____

(Kontrolle: 3 eu-Wörter mit Anfangsbuchstabe n aus der Wörterliste)

> Es gibt nur sehr wenige Wörter mit ai.
> Du musst sie dir merken.

1. Lies dir die 5 Wörter mit ai 5-mal gut durch, decke sie dann zu
und schreibe sie auf die Zeile. Kontrolliere sie anschließend.

Mai, Kaiser, Hai, Mais, Mainz

_____

2. Bilde zusammengesetzte Nomen und schreibe sie auf.

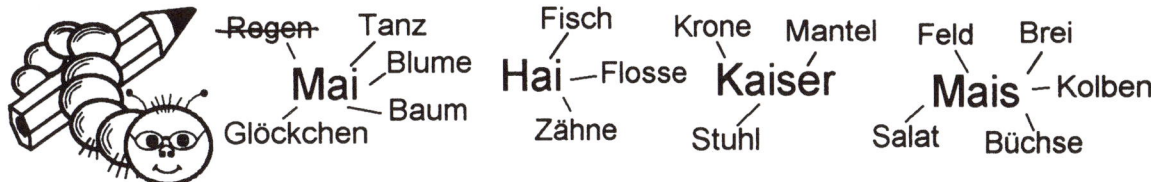

Regen — Tanz
Mai — Blume
Baum
Glöckchen

Fisch
Hai — Flosse
Zähne

Krone
Kaiser — Stuhl

Mantel

Feld — Brei
Mais — Kolben
Salat — Büchse

Mairegen, _____

_____

_____

_____

3. Kreise alle ai auf dieser Seite bunt ein. Wie viele Kreise sind es? ____

4. Schreibe aus dem Gedächtnis Wörter mit pf, mit qu oder mit eu
auf. Insgesamt sollst du mindestens 15 Wörter aufschreiben.

_____

_____

_____

_____

(Wenn dir nichts mehr einfällt: Schau doch auf den vorhergehenden Seiten nach!)

Mein Rechtschreibheft

Wörter mit ch

Datum

1. Die nachfolgenden Wörter werden alle mit ch geschrieben.
   Lies sie gut durch. Höre, ob du das ch erkennst. Ergänze das ch,
   schreibe die Wörter auf die Zeilen und kreise dort alle ch bunt ein.

lei_ch_t   wei___   rei___   Li__t   dur___   glei___   man___mal

Gedi___t   ri___tig   wi___tig   schle___t   e___t   vorsi___tig

wel___e   zei___nen   Stri___   Tei___   mi___   di___   si___   i___

Gewi___t   Gesi___t   Kir___e   Mäd___en   mö___te   re___ts

si___er   spre___en   re___nen   ni___t   viellei___t   di___t

leicht, _____

_____

_____

_____

_____

(Kontrolle: 33 Wörter mit ch)

2. Bilde Paare mit Reimwörtern aus den Wörtern im Wörtersack.

mich - *dich*   _____ - _____

_____ - _____   _____ - _____

_____ - _____   _____ - _____

_____ - _____   _____ - _____

mich   dich   Gesicht   weich   echt   wichtig   reich   richtig   Teich   nicht   gleich   kriechen   Gewicht   schlecht   riechen   Licht

3. Mit der Endsilbe -chen werden alle Dinge klein!
   Sie wird immer mit ch geschrieben.

Puppe - *Püppchen*   Bett - _____   Hut - _____

Bär - _____   Topf - _____   Jacke - _____

Strumpf - _____   Mütze - _____   Pferd - _____

Hund - _____   Stadt - _____

(Achtung: Aus a wird ä, aus au wird äu, aus o wird ö, aus u wird ü!)

1. Viele Verben enden auf -chen. Schreibe die Beispiele aus der Wörterblume auf. Kreise alle -chen rot ein.

ste(chen),

Wörterblume Blütenblätter: ste- spre- krie- rie- strei- rei- bre- wei- -chen

2. Die nachfolgenden Wörter werden alle mit sch geschrieben. Lies sie gut durch. Höre, ob du das sch erkennst. Ergänze sch, schreibe die Wörter auf die Zeilen und kreise dort alle sch bunt ein.

zwi_sch_en   Fi___   Kir__e   Fla___e   Men__en   Ta__e   Ti___
wa___en   Wä__e   Ma__ine   Ma__e   ra__eln   Mu__el   wi__en
zi___en   mi__en   hu__en   klat__en   Kut__e   Zwet__gen

zwischen,

(Kontrolle: 20 Wörter mit sch)

3. Sprich die Wörter deutlich aus und entscheide, ob sie mit ch oder sch geschrieben werden. (Wenn du unsicher bist, kannst du in Aufgabe 1 auf Seite 66 und in Aufgabe 2 auf Seite 67 nachschauen.)

wei_ch_   Fi___   man__mal   ri__tig   Men___en   Ta__e   Li__t
Mäd__en   Wä__e   Gesi__t   Ma__ine   viellei__t   glei__
Fla__e   Kir__e   Kir__e   vorsi__tig   dur__   Ti__   ni__t
wi__tig   zwi__en   spre__en   di__   si__   Zwet__gen   mi__

(Kontrolle: 17-mal ch, 10-mal sch)

4. Schreibe alle Wörter von Aufgabe 3 richtig auf die Zeilen. Kreise alle ch rot und alle sch grün ein.

wei(ch),

Mein Rechtschreibheft

Kleine Wörter

Es gibt viele kleine Wörter, die sehr häufig benutzt werden.
Deshalb muss man wissen, wie sie geschrieben werden.

Zu den wichtigsten Kleinwörtern gehören:

ab aber alle allein als anders aus außen bald besser bist bestimmt bisschen bitte bunt danke dann denn dick dort erst etwas euer froh früh gar nicht genug gut groß heiß herab heute hier ihn ihr immer innen ist ja jeder jetzt kalt kann kurz lass laut leer links man mehr mir muss müssen nachts nah nass nämlich nicht nichts niemand ob obwohl offen ohne plötzlich richtig rund sagt sehr seid seit selbst sieben soll süß trotzdem unten unter übrig viel voll vorbei vorher wahr wann war was wenig werden wieder will wir zuletzt zurück

1. Schreibe alle Wörter mit ß auf: *(4 Wörter)* _____

2. Schreibe alle Wörter mit doppelten Mitlauten auf: *(20 Wörter)* _____

_____

_____

_____

3. Schreibe alle Wörter mit ie auf: *(5 Wörter)*

_____

4. Schreibe alle Wörter mit Dehnungs-h auf: *(10 Wörter)*

_____

_____

5. Schreibe alle Wörter mit d am Wortende auf: *(4 Wörter)*

_____

6. Schreibe alle Wörter mit tz auf: *(4 Wörter)*

_____

7. Schreibe alle Wörter mit b am Wortende auf: *(3 Wörter)*

_____

8. Schreibe alle Wörter mit ck auf: *(2 Wörter)* _____

9. Schreibe alle Wörter mit ä auf: *(1 Wort)* _____

10. Schreibe alle Wörter mit g am Wortende auf: *(4 Wörter)*

_____

1. Sortiere diese kleinen Wörter nach dem Alphabet:

zuletzt richtig dann jetzt immer nämlich trotzdem obwohl bisschen ~~außen~~ genug
kurz etwas früh mehr leer sehr plötzlich wahr hier ihn uns viel

außen,

**2. Die kleinen Wörter aus dem Rahmen haben sich mindestens 1-mal
in den anderen Wörtern versteckt. Suche sie dort und kreise sie ein.**

brausen Gericht gesund laufen vielleicht
brauchen vorher Gabel Hals allein Sch(nur)
ausleeren Holzkiste herab Schwarm
Vermehrung beinah obwohl Halle wirbeln
vollenden vernichten Schimmer drinnen
sieben Stunde kaufen rauchen raufen Sieger

nur, ich, ab, und, viel, auch, vor, her, leer, auf, als, mehr, alle, aus, war, ist, immer, nicht, innen, sie, nah, ob, wir, voll

**3. Diktiere mit deinem Partner abwechselnd kleine Wörter
aus Aufgabe 1. Jeder soll alle Wörter schreiben.**

**4. Schreibe von den Kleinwörtern aus Aufgabe 1
mindestens 5 schwierige Wörter auf deine letzte Seite.**

**5. Finde in der Wörterliste alle Wörter, die nur 2 Buchstaben haben,
und schreibe sie auf die Zeile.**

(Kontrolle: 4 Wörter)

Mein Rechtschreibheft

Datum

[Kreuzworträtsel-Gitter mit nummerierten Feldern 1–30]

Wörter mit sp (S. 60)
1. Rätsel lösen macht ... 2. „Mensch ärgere dich nicht" ist ein bekanntes ... 3. Mein Papagei kann einige Wörter nach... 4. Ein Känguru kann weit ... 5. In der Pause ... wir Fußball.

Wörter mit st (S. 59)
6. Wir springen über Stock und ... 7. Auf der ... ist viel Verkehr. 8. Die Schul... dauert 45 Minuten. 9. Ich möchte gerne zwei ... Kuchen mitnehmen. 10. nicht schwach, sondern ... 11. Rede nicht so viel! Sei endlich ...!

Wörter mit pf (S. 61)
12. Alte deutsche Münze 13. Ein kleines ... ist ein Pony. 14. Die Tulpe ist kein Tier, sondern eine ...
15. Der ... steht auf dem Herd. 16. Heute gibt es Kartoffelpuffer mit ...mus.

Wörter mit qu (S. 62)
17. Butter, Joghurt und ... sind Milchprodukte. 18. kreuz und ... 19. In diesen Schuhen läuft man sehr ...

Wörter mit eu (S. 63, 64)
20. nicht gestern, sondern ... 21. In der Fußgängerzone laufen viele ... 22. nicht billig, sondern ... 23. nicht alt, sondern ... 24. Wer nett ist, der ist ... 25. Es ist wichtig, einen guten ... zu haben. 26. Wir ... uns schon auf unseren Ausflug.

Wörter mit ai (S. 65)
27. Im ... blühen die ...glöckchen. 28. Könige und ... haben eine Krone. 29. Der ... ist ein gefährlicher Fisch.
30. Ich esse gerne gebratene ...kolben.

Prüfe, ob die Wörter in deinem Grundwortschatz stehen. Wenn nicht, schreibe sie fehlerfrei dazu.

bequem   freuen   der Freund   freundlich   der Hai   heute   der Kaiser
die Leute   der Mai   der Mais   neu   der Pfennig   das Pferd   die Pflanze
der Quark   quer   der Spaß   das Spiel   spielen   sprechen   springen   stark
der Stein   still   die Straße   das Stück   die Stunde   teuer   der Topf

Mein Rechtschreibheft

Suche drei schwierige Wörter des Rätsels heraus und schreibe sie auf deine letzte Seite.

1. Suche aus der Wörterliste auf der nächsten Seite alle Wörter heraus,
die mit b, B beginnen <u>und</u> mit d oder t aufhören.
Sortiere sie in die Tabelle ein.

d am Wortende	t am Wortende
(5)	(11)

2. Suche 10 beliebige Wörter aus der Wörterliste,
die ein ie haben, und schreibe sie auf die Zeilen.

_____

_____

3. Wie viele Wörter stehen in der Wörterliste,   _____ Wörter
die mit qu, Qu beginnen?
Welches ist dort das längste Wort mit qu?   _____

4. Suche aus der Wörterliste alle Wörter mit doppelten
<u>Mit</u>lauten heraus, die mit k oder K beginnen. _(Kontrolle: 21 Wörter)_

_____

_____

_____

_____

5. Schreibe mindestens 5 schwierige Wörter aus der Wörterliste
auf deiner letzten Seite auf.

6. Suche aus der Wörterliste alle Wörter heraus, die mit pf oder Pf
beginnen, und schreibe sie auf die Zeilen. _(Kontrolle: 14 Wörter)_

_____

_____

Mein Rechtschreibheft

Wörterliste

Datum

In der Liste stehen die wichtigsten Wörter, die du geübt hast.

A
ab
abdecken
Abend
aber
abschreiben
Advent
alle
allein
als
alt
am
an
anders
ängstlich
anstecken
Apfel
Äpfel
arbeitslos
arm
Arzt
Ast
aufräumen
aufschreiben
aufwecken
aus
Ausblick
außen
außer
außerdem
Axt

B
Baby
Bach
backen
Bäcker
Bäckerei
Backpulver
Bahn
bald
Ball
Band
Bändel
Bank
Bart
bauen
Baum
Becken
bedeuten
Beere
Beet
Begrüßung
Beil
Bein
Beispiel

beißen
Belohnung
bequem
Berg
Berichtigung
besser
bestimmt
betäuben
Bett
Beule
Beute
bezahlen
biegen
Biene
Bier
Bild
binden
bissig
bist
bisschen
bitte
blasen
blass
Blatt
Blätter
Blick
blicken
blind
blinken
Blitz
blitzen
blond
bloß
blühen
Blumenvase
Boot
boshaft
boxen
brausen
breit
brennen
Brett
Brief
Briefwaage
Brot
Brücke
Buch
Büchse
buchstabieren
bücken
bummeln
bunt
Burg
Busfahrer
Butter

D
Dach
Dachs
Dackel
danke
dann
Däumchen
Daumen
Decke
Deckel
dehnen
denken
denn
deutlich
deutsch
dicht
dick
Dieb
dies
Donner
dort
draußen
Dreck
drehen
dringend
Drossel
drücken
dumm
Dummheit
dunkel
Dunkelheit
durch
durstig

E
echt
Ecke
Ehepaar
Eidechse
eigentlich
eilig
Einfahrt
Einsamkeit
eisig
elektrisch
englisch
Erdbeere
erfolglos
erfrieren
Ergebnis
Erkältung
Erklärung
Erlaubnis
Erlebnis
ermahnen
Ernährung

erschrecken
erst
erwachsen
Erwachsener
erzählen
Erzähler
essen
etwas
euer
Eule
extra

F
Fabrik
Fahrbahn
Fähre
fahren
Fahrer
Fahrrad
Fahrstuhl
Fahrt
fallen
farbig
Fass
Fässer
Fee
fehlen
Fehler
Feld
Feldmaus
fertig
feucht
Feuer
Feuerwehr
Fink
Finsternis
Fisch
fix
flach
Fläche
Flecken
fleißig
Fliege
fliegen
fliehen
fließen
flink
flitzen
Flocke
Flosse
Flugzeug
Fluss
Flüsse
Form
fragen
fremd
fressen

freuen
Freund
freundlich
Freundlichkeit
frieren
froh
Fröhlichkeit
früh
Fuchs
fühlen
führen
furchtbar
fürchterlich
Fuß
Füße
Futter

G
Gans
ganz
gar nicht
Garten
Gebäck
geben
Gedicht
Gefahr
gefährlich
gefahrlos
gehen
Geige
gelb
geliehen
gemütlich
genug
Gepäck
Geräusch
Geschichte
Geschmack
Gesicht
Gespenst
gesund
Gesundheit
Gewicht
Gewürz
gießen
Gift
Giraffe
Glanz
glänzen
Glas
glatt
glauben
gleich
Glocke
Glück
glücken
glücklich

glühen
Gras
gratulieren
grausam
Grenze
groß
Gruß
Grüße
grüßen
Gurke
gut

H
Haar
Hahn
Hai
halb
Hand
Hände
hart
Hase
hassen
hatten
Haufen
häufig
Haus
Häuschen
heben
Hecke
heiß
heißen
Heizung
Held
hell
Hemd
herab
Herd
Herren
herrlich
Herz
hetzen
Heu
heulen
heute
Hexe
hier
Himmel
Hindernis
Hitze
Hobby
hoffen
hoffentlich
hohl
Höhle
Hölle
Holz
Hose

Hund
hungrig
hupen
Hut

I

ich
Idee
ihn
ihr
immer
innen
ist

J

ja
Jacke
Jahr
jammern
jeder
jetzt

K

Kaffee
Kaffeekanne
Kaiser
Kalb
kalt
Kamm
Kampf
kann
Kanne
Kasse
Katze
kaufen
Keller
kennen
Kerze
Kette
Kind
Kirche
Kissen
Klasse
Klavier
kleben
kleckern
Klee
Kleid
klettern
Klotz
klug
Knall
knallen
knicken
Knie
Knopf
Koffer
kommen
können
Kopf

Korb
krank
Kranz
kratzen
Kraut
Kräuter
Kreis
kriechen
kritzeln
krumm
Kuh
kühlen
kümmern
kurz
Küsse
küssen
Kuss

L

Lachs
Lack
Land
Länder
lang
langsam
lassen
lass
laufen
Läufer
Laus
laut
leben
lecken
lecker
leer
lehren
Lehrer
Lehrerin
leicht
Leiter
Lenkrad
lesbar
lesen
leuchten
Leuchter
Leute
Licht
lieb
lieben
Lied
liegen
links
locken
Löffel
lösen
Luchs
Lücke
lügen
lustig

M

Mädchen
Mahlzeit
Mai
Mais
man
manchmal
Mann
Markt
marschieren
März
mauern
Maus
Mäuschen
Mäuse
Meer
Mehl
mehr
Meise
Mensch
merken
messen
Messer
mich
Miete
mild
mir
Mittag
mixen
möglich
Mond
Moor
Moos
Mücke
mühelos
Mühle
mühsam
Mund
mündlich
müssen
muss
mutig
Mutter
Mütze

N

nachts
nah, näher,
  am nächsten
Nähe
nahrhaft
Nährstoff
Nahrung
nämlich
Nase
nass
necken
nehmen
Nelke

nennen
Nest
nett
Netz
neu
neugierig
neulich
nicht
nichts
nicken
nie
niedrig
niemand
nördlich
Nordsee
November
Nuss
Nüsse
nützen

O

ob
Obst
obwohl
Ochse
offen
ohne
Ohr
Onkel
ordnen

P

Paar
packen
Papier
Party
passieren
Pelz
petzen
Pfanne
Pfeffer
Pfeil
Pfennig
Pferd
Pfirsich
Pflanze
pflanzen
Pflaume
pflegen
pflücken
Pfosten
Pfote
Pfütze
piepen
Pilz
Platz
platzen
plötzlich
Pony
praktisch

Preis
probieren
Pullover
pumpen
Puppe
putzen
putzig

Q

Quadrat
quadratisch
quaken
Qual
quälen
Quälerei
Qualm
Quark
Quatsch
Quelle
quer
quetschen
quieken
quietschen
Quittung
Quiz

R

Rad
Räder
Rast
raten
Rätsel
Raum
rauschen
rechnen
rechts
reich
Reise
Reiter
rennen
reparieren
retten
richtig
riechen
Riegel
Riese
riesig
Rind
Rinde
Riss
Risse
rissig
Ritze
ritzen
Rock
Rolle
rollen
Rost
Rücken
ruhig

rühren
rund
Rüssel

S

Saal
Saat
Sack
sagt
Sahne
Salat
Salatbeet
Salz
sammeln
sandig
satt
Satz
Sauberkeit
saugen
Säugetier
sausen
schädlich
Schaf
Schanze
scharf
Schatten
Schatz
Schaum
schäumen
schenken
Scherz
scheu
scheuern
Scheune
scheußlich
schicken
schieben
schief
schießen
Schiff
Schild
Schimmel
Schinken
schlafen
schläfrig
schlank
schlecht
schlicht
schließen
Schlitz
Schloss
Schlösser
Schlüssel
Schluss
schmatzen
schmecken
Schmerzen
schmieren
Schmutz
schmutzig

Datum

Schnecke
Schnee
Schneeflocke
Schneemann
schnell
schräg
Schrank
Schraube
schreien
schriftlich
Schuh
Schürze
Schuss
Schüsse
Schüssel
Schutz
schwach
Schwalbe
Schwamm
Schwanz
schwänzen
schwarz
schwatzen
schwimmen
schwitzen
sechs
See
Segelboot
sehen
sehr
seid
Seife
Seil
seit
selbst
Sessel
setzen
sicher
Sieb
sieben
Sieg
Siegel
siegen
sitzen
sobald
Sohn
soll
Sommer
Sonne
sonnig
sortieren
Spange
spannen
spannend
sparen
sparsam
Spaß
spaßig
spät
Spaten

Spatz
spazieren
Specht
Speicher
Speise
speisen
Spiegel
spiegeln
Spiel
spielen
Spieß
Spinat
Spinne
spitz
spitzen
sprechen
springen
Springseil
Spritze
spritzen
Sprudel
spucken
spülen
Spur
spüren
Stab
stabil
Stadt
Stall
Stange
Stängel
stark
Staub
stecken
stehen
stehlen
steil
Stein
Stelle
Stelzen
Stempel
Stern
Steuer
steuern
sticken
Stiefel
Stiel
Stift
still
Stimme
stimmen
stinken
Stinktier
Stock
Stoff
stolz
Stoß
Stöße
stoßen
Straße

Strauch
Sträucher
Strauß
Sträuße
streng
Strich
stricken
Stroh
Strumpf
Stück
Stuhl
stumm
Stunde
Sturz
stürzen
summen
Suppe
süß

T

Tag
Tanne
Tanz
Tasse
Tat
Tatze
taub
Täubchen
Taube
tausend
Taxi
Teddy
Tee
Teller
Test
teuer
Text
tief
Tier
Tisch
Ton
Tonne
Topf
tot
Traum
träumen
traurig
treffen
Treppe
treu
Trieb
trocken
Trommel
Tropfen
trotzdem
trüb
typisch

U

üben

überqueren
übrig
Uhr
unbequem
und
Ungeheuer
unten
unter

V

Vase
Vater
Veilchen
Verband
Verbesserung
verbrennen
Verdacht
Vergangenheit
vergeblich
vergessen
Verkauf
Verkäuferin
Verkehr
verlaufen
verletzen
verlieren
Verlust
verraten
Verräter
Vers
verschreiben
versprechen
Verstand
Versteck
verstecken
verstehen
Versuch
Verteidigung
verwechseln
verzählen
viel
vielleicht
vier
Viereck
violett
Violine
Vitamine
Vogel
Volk
voll
völlig
von
vor
vorbei
Vorfahrt
vorgehen
vorher
Vormittag
Vorname
vorne

Vorsicht
vorsichtig
Vorsilbe
Vulkan

W

Waage
Wachs
wachsen
wackeln
Waffe
wagen
wählen
wahr
während
Wald
Waldbeere
Walze
walzen
wälzen
Wand
wann
Wanze
war
warm
was
waschen
Wäsche
Wasser
wechseln
wecken
Wecker
Weg
weich
weiß
weit
weiter
welche
wendig
wenig
werden
Wette
Wetter
wichtig
wieder
Wiege
wiegen
Wien
Wiese
wild
will
Wind
windig
winken
winzig
wir
wirklich
Wirklichkeit
wissbegierig
wissen

Witz
witzig
wohnen
Wohnung
Wolle
wollen
Wort
wunderbar
wundersam
Wurm
Wurzel
würzen

X

Xylophon

Y

Ypsilon
Yvonne

Z

Zahl
zählen
zahlreich
zahm
Zahn
Zähne
Zapfen
zart
Zaun
Zäune
zeichnen
zeigen
Zeiger
Zelt
zerreißen
Zeugnis
Ziege
ziehen
Ziel
Zimmer
Zimt
Zoo
Zopf
Zucker
zudecken
Zug
zuletzt
zurück
zusammen
Zwerg
Zwiebel
zwischen

(ca. 1000 Wörter)

Meine letzte Seite

Z

Sind dir schon die im Rechtschreibheft verstreuten Buchstaben aufgefallen? Sie ergeben eine bekannte Buchfigur, wenn du sie zusammensetzt.

_____   ____ __ __ _ __ ___ ___

(Kontrolle: Letzte Seite im Heft)

Hinweise für Eltern, Lehrerinnen und Lehrer

Ein wichtiges Ziel des Deutschunterrichts in der Grundschule ist nach wie vor das Erlernen der elementaren Rechtschreibphänomene der deutschen Sprache durch die Schüler und das Erwerben eines Grundwortschatzes, der sicher beherrscht wird.

Gleichzeitig muss heute ein zeitgemäßer Unterricht den steigenden fachlichen und gesellschaftlichen Anforderungen im späteren Beruf und Alltag der Schülerinnen und Schüler schon frühzeitig gerecht werden. Aus pädagogischer und didaktischer Sicht werden deshalb vor allem Elemente gefordert, die zu einem selbstständigen, aktiven, konzeptionierten und verantwortungsbewussten, von Eigeninitiative geprägten Arbeitsverhalten führen.

Dieses Arbeitsheft zur Rechtschreibung ist so angelegt, dass die Schüler ab der zweiten Hälfte des dritten Schuljahres möglichst selbstständig die wichtigsten Rechtschreibphänomene systematisch üben können. Für interessierte Eltern lässt sich am phänomenorientierten Aufbau des Hefts ablesen, wie sich die Rechtschreibung für Grundschüler in einzelne handhabbare Themenfelder aufteilen lässt.

Die Arbeitsanweisungen sind so formuliert, dass die Kinder sie im Allgemeinen ohne weitere Erklärungen alleine umsetzen können, wenn sie diese gründlich lesen. Außerdem kehren bestimmte Aufgabentypen immer wieder und sind den Schülern später bekannt. Daher ist es nicht unbedingt nötig, dass alle Kinder der Klasse das Heft im gleichen Tempo bearbeiten, sondern jedes kann nach seinem Rhythmus darin üben. Außerdem ist dadurch die Einbeziehung des Heftes in die Tages- oder Wochenplanarbeit gut möglich. Je nach Arbeitsverhalten der Klasse muss diese selbstständige Arbeitsweise mit den Schülern zu Beginn des Heftes geübt werden.

Im Kästchen der Abschneideecke kann die Lehrerin oder der Lehrer die fertig bearbeitete und richtig ausgefüllte Seite abhaken. Nach der richtigen Bearbeitung einer Doppelseite schneiden die Schüler die Abschneideecke unten ab. Sie sehen so nach kurzer Zeit, wie viel sie schon geschafft haben. Es ist auch möglich, ein Exemplar des Rechtschreibheftes ganz auszufüllen und den Kindern als Kontrollexemplar in der Klasse zur Verfügung zu stellen.

In der Schulpraxis zeigt sich immer wieder, wie nötig es ist, die wichtigsten Wörter mehrfach zu üben und zu schreiben. Deshalb sind im Rechtschreibheft neben anderen vertiefenden Elementen sieben Wiederholungsrätsel eingebaut, die sich auf die vorangegangenen Seiten beziehen und die wichtigsten Merkwörter noch einmal abfragen. Es ist daher sinnvoll, das Heft chronologisch zu bearbeiten.

Da es schon in der Grundschule wichtig ist, den Umgang mit Nachschlagewerken zu üben, wird im Rechtschreibheft immer wieder mit einem Wörterbuch gearbeitet. Falls nicht jedes Kind ein solches Wörterbuch zur Verfügung hat, sollten in der Klasse wenigstens einige Exemplare vorhanden sein.

Hinweise für Eltern, Lehrerinnen und Lehrer

Außerdem hat es sich bewährt, mit einem klasseneigenen Grundwortschatz zu arbeiten (z.B. Ringordner mit alphabetischem Register), in den die Kinder ab dem ersten Schuljahr ihre gelernten und geübten Wörter eintragen. Auch hier werden die Übungswörter nochmals geschrieben. Falls die Schüler noch keinen solchen Grundwortschatz begonnen haben, empfiehlt es sich, ein Heft anzulegen, in das die Grundwortschatzwörter nach den Wiederholungsrätseln des Heftes eingetragen werden. Hier können natürlich auch weitere Übungswörter, die sich aus dem Deutsch- oder Sachunterricht im Laufe des vierten Schuljahres ergeben, festgehalten werden. Mit diesem „Schatz" an geübten Wörtern lassen sich leicht weitere vertiefende Übungen durchführen (z.B. Partnerdiktat, Heraussuchen von Wörtern mit bestimmten Rechtschreibschwierigkeiten usw.)

Zur letzten Vertiefung soll die „Wörterliste" am Ende des Heftes mit den dazugehörenden Aufgaben dienen. Hier staunen die Kinder meist, wie viele Wörter sie im Heft geübt haben.

„Meine letzte Seite" sollen die Schüler selbst gestalten. Hier ist z.B. Platz für besonders schwierige Wörter, die sie sich nicht so gut merken können.

Inhalt

Selbstlaute und Mitlaute 3
Doppelte Selbstlaute 4, 5
Doppelte Mitlaute 6, 7, 8
Wörter mit ck 9, 10, 11

      Wiederholungsrätsel 12

Dehnungs-h 13, 14, 15, 16
Wörter mit ie 17, 18, 19
ie oder ei 20

      Wiederholungsrätsel 21

d am Wortende 22, 23
d oder t am Wortende 24, 25
g oder k am Wortende 26
b oder p am Wortende 27
b bleibt b 28

      Wiederholungsrätsel 29

Wörter mit ä 30, 31
ä oder e 32
Wörter mit äu 33, 34
Wörter mit tz 35, 36, 37
Verben mit tz 38
Wörter ohne tz und ohne ck 39

      Wiederholungsrätsel 40

Wörter mit v 41
ver- und vor- 42, 43
ver-, vor-, Vorder-, Voll- 44
viel- 45
Wörter mit chs 46, 47
Wörter mit x oder y 48

      Wiederholungsrätsel 49

s oder ß 50, 51
ß oder ss 52, 53
Endungen heit-, keit-, nis, -ung 54
Adjektive mit -ig 55
Endungen -ig, -lich, -isch 56
Endungen -sam, -bar, -los, -haft 57

      Wiederholungsrätsel 58

Wörter mit st 59
Wörter mit sp 60
Wörter mit pf 61
Wörter mit qu 62
Wörter mit eu 63, 64
Wörter mit ai 65
Wörter mit ch 66
ch oder sch 67
Kleine Wörter 68, 69

      Wiederholungsrätsel 70

Aufgaben zur Wörterliste 71
Wörterliste 72, 73, 74
Meine letzte Seite 75

Mein Rechtschreibheft
Übungen zur Rechtschreibung im 3. und 4. Schuljahr

Erarbeitet von:
Bettina und Christoph Friedrich

Grafik, Layout und technische Umsetzung:
Bettina und Christoph Friedrich

Quellennachweis
Seite 17: Josef Guggenmos, Besuch.
　　　　Aus: Josef Guggenmos, Was denkt die Maus am Donnerstag?
　　　　Recklinghausen: Bitter 1967.

www.cornelsen.de

1. Auflage, 26. Druck 2023

© 1997 Cornelsen Verlag, Berlin
© 2016 Cornelsen Verlag GmbH, Berlin

Druck: H. Heenemann, Berlin

ISBN 978-3-592-25800-4

PEFC zertifiziert
Dieses Produkt stammt aus nachhaltig
bewirtschafteten Wäldern und kontrollierten
Quellen.
www.pefc.de
PEFC/04-31-1156